THE SUDOKU
CHALLENGE

By Terry Stickels
with Anthony Immanuvel of Yoogi Games

imagine!
Publishing

10 9 8 7

An Imagine Book
Published by Charlesbridge
85 Main Street
Watertown, MA 02472
617-926-0329
www.charlesbridge.com

Printed in China
Manufactured in January 2016

ISBN 13: 978-1-936140-59-6

INTRODUCTION

No one would argue that SUDOKU is now firmly entrenched as part of the daily puzzle diet around the world. The one area where there may be some disagreement is where you can find the best puzzles. This begs the question "What makes one SUDOKU puzzle better than another?" There must be a reason why some puzzles are more in demand than others. If you are a daily solver, you know there are distinct differences among the myriad books and magazines. What are those differences, and how do you know once you've come upon them? More importantly, how can you recognize quality before you purchase something less desirable?

There are some basic things to know about selecting a superior SUDOKU book.

1) The clues should be constructed so there is no guessing as to what number needs to go in a specific square. At the start of the puzzle there will be multiple possibilities, but over time, as you fill in the blanks, those possibilities will be reduced to one, and only one, correct solution. Each puzzle should have one unique answer. If the puzzle is constructed properly, ALL the numbers can be found through logical deduction. You should NEVER have to guess.

2) The best SUDOKU puzzles are created so that your mind will stay focused on the task at hand. They are constructed so you don't lose concentration. This is accomplished by creating puzzles that remove all doubt and ambiguity. If you are feeling stress while doing a SUDOKU puzzle, it's usually a flaw in the puzzle design, not a flaw in what you're doing. A great puzzle keeps things moving and makes you hungry for more.

3) The puzzle should be pleasing to the eye. This has a double meaning. Not only should the puzzle be large enough so that you can write in it and include any possible numbers you wish to place in each square, but the best puzzles are constructed symmetrically. Over the years we've found that this design is more enjoyable and relaxing to the solver.

4) No puzzle should be brain-dead easy. The whole concept behind SUDOKU is one of a fun challenge. Even the Medium puzzles should offer a strong warm-up for the more advanced puzzles. Many newspapers are guilty of making their SUDOKU too easy. They think that by making the puzzles easier, they will have more followers and thus a growing readership. Real SUDOKU players think just the opposite. They want the challenge. How do I know? My Stickdoku puzzle column in USA WEEKEND magazine is one of the most popular SUDOKU puzzles in print. After the column had been running for about a year, I saw what newspapers were doing and thought I would try it myself to see the response. In no time at all, my readers were writing in droves, telling me to go back to the more challenging puzzles. They weren't buying the easier version!

5) We have you in mind when we create the puzzles. My SUDOKU puzzle partner Tony Immanuvel and I take painstaking measures to fine-tune our puzzles so they will please and challenge you. We have an idea of how you are going to approach the puzzles at each level, and while we want to challenge you, we want the puzzles to be fair and make good sense so that you enjoy your solving experience. We do the puzzles ourselves. We do other people's puzzles to see what is strong and what is weak. At no time is there an attitude of just pulling a lever to produce mass puzzles. After writing thirty plus books, I wouldn't waste my time or yours if I couldn't give you the best puzzles possible.

The puzzles you will find in this book have all of the features just discussed. We had a ball putting this collection together for you, and would love to hear what you think after you do them. I promise you I will answer every one of your letters, just like I do for the readers of my KING FEATURES Stickelers column and the FRAME GAMES and Stickdoku puzzles seen in USA WEEKEND magazine. You can reach me at www.terrystickels.com

Tony and I thank you for purchasing this book and hope it will make you a lifelong puzzle fan. Have fun!

Terry Stickels

Instructions

Sudoku is a number puzzle with a 9x9 grid and numbers known as clues printed in squares.

The goal is to complete the grid in such a way that all rows, columns, and highlighted 3x3 squares contain the digits 1–9 once and only once.

A sample grid is show here.

3				1			9	
			5		8		4	
5							2	
					6			8
4	8		2		9		5	7
7			8					
	9							1
	1		3		2			
	3			6				9

Solving Tips:

To solve the puzzle, you need to figure out which digit fits into each box. If the Sudoku puzzle is created properly, the numbers for the solution can be found through logical deduction.

Let's try to place the number 9 in the eighth row (second row from bottom). The 9 cannot be in the first or third cell in the eighth row, as the bottom left 3x3 square already has a 9 in the seventh row. Similarly, the 9 cannot be used in the last three cells of the eighth row because the bottom right 3x3 squares already has a 9 in the ninth row.

The only remaining cell that could hold a 9 in the eighth row is the fifth column. Let's put the 9 there. (See the square highlighted in gray shade.)

3				1		9		
		5		8		4		
5						2		
				6				8
4	8		2		9	5	7	
7			8					
	9							1
	1		3	**9**	2			
	3			6				9

Now let's look at the center cell (fifth column, fifth row). The cell cannot contain the digits 1 or 6 because they have already been placed elsewhere in the column. Similarly, it cannot contain the digits 2,4,5,7, 8, or 9, as they have already been placed in fifth row. That leaves us with only one available number: 3. Place a 3 in the center cell.

3				1		9		
		5		8		4		
5						2		
				6				8
4	8		2	**3**	9	5	7	
7			8					
	9							1
	1		3		2			
	3			6				9

Sometimes you know that a number belongs in a particular row,column, or box, but are unsure exactly what cell it goes in. Knowing this can help you to eliminate the number from other squares. Consider the midway stage of our sample puzzle. As it stands right now, there is no easy way to finalize a square or number. We need to use indirect elimination to solve this puzzle.

The top right 3x3 square has only 3 digits left to place: 1, 7, and 8. All of these digits fall in the seventh column. That means that other cells in the seventh column cannot use the digits 1, 7, or 8.

3			6	1			9	5
			5	2	8		4	3
5			9		3		2	6
					6			8
4	8		2	3	9		5	7
7			8					2
	9			8				1
	1		3	9	2			4
	3			6				9

Now look at the fifth row. There are only two digits left unfilled, and they are 1 and 6. Given that the 1 is excluded from the seventh column except in the upper right corner, the seventh cell of the fifth row can only be a 6. Now we can place a 6 in this cell.

3			6	1			9	5
			5	2	8		4	3
5			9		3		2	6
					6			8
4	8		2	3	9	6	5	7
7			8					2
	9			8				1
	1		3	9	2			4
	3			6				9

Sometimes you need to use a combination of methods and/or multiple indirect eliminations to narrow the options down to solve a number or square.

It won't be too difficult to complete this puzzle using those methods. The solution is given below.

3	7	2	6	1	4	8	9	5
1	6	9	5	2	8	7	4	3
5	4	8	9	7	3	1	2	6
9	2	3	7	5	6	4	1	8
4	8	1	2	3	9	6	5	7
7	5	6	8	4	1	9	3	2
2	9	5	4	8	7	3	6	1
6	1	7	3	9	2	5	8	4
8	3	4	1	6	5	2	7	9

2	6	4	3	9	5	1	7	8
5	8	3	1	7	4	9	6	2
9	1	7	6	2	8	5	4	3
4	2	5	9	8	1	6	3	7
6	3	1	2	4	7	8	5	9
8	7	9	5	6	3	2	1	4
1	4	8	7	5	9	3	2	6
3	9	2	4	1	6	7	8	5
7	5	6	8	3	2	4	9	1

1

			1			3		
		2		6	7	4		
	5					9		
	9				3		5	
	4		2				1	
		8					2	
		1	6	9		7		
		6			8			

2

	3	9						
				4	6			5
		4					7	
	6		8	1				
	8						2	
				9	7		6	
	9					3		
1			5	8				
						2	4	

3

				6			9	
5	7		3				6	
3				8			7	
4	9	2			8			
				4				
			6			7	4	
				2				8
	8				1		5	7
	4		2	3				

4

			9	8				
	6	3					2	
5		8						
	9		6		1			
	3						7	
			2		8		1	
						9		2
	7					6	3	
				1	3			

5

				7		5		8
								1
			2	8	6	7		
4						1		
	1			5			2	
		3						4
		4	9	6	3			
6								
5		7		1				

6

		2	1					3
	6		8					
3				9		7		
6		8						
	9			2			6	
						8		1
		5		4				2
					6		4	
4					9	5		

7

			7				8	
					1			
6							7	9
		4		2		3		7
	3			4			9	
8		2		6		5		
5	1							3
			3					
	8				2			

8

							5	1
9			2					
6		7				2		
					8		4	
4		6		1		7		3
	1		3					
		2				3		9
					6			2
1	8							

9

			7		1			8
				4		5		7
3								6
	2						7	
		3		2		4		
	6						5	
9								3
8		2		9				
5			1		6			

10

			7	4				3
5				3		8		
6	9							
		6			1			7
				9				
1			8			3		
							3	2
		1		8				4
3				5	9			

11

8	1					6		
			4				5	
		9	5					
					8	9	2	
4				2				1
	3	1	6					
					6	1		
	7				2			
		3					7	5

12

								7
2		4					5	
	3		8	9				
			6	8			9	
		7		5		8		
	1			4	3			
				3	5		7	
	5					6		1
8								

13

1			7			9		
								1
	9		1			4		5
	1			8				
		4		3		5		
				6			3	
7		3			6		5	
2								
		9			5			8

14

9		1						
		3			6	1		
		7			8			6
			9				1	
4			5		3			7
	8				7			
2			8			3		
		5	6			9		
						7		1

15

8		7						2
5		6			2		1	
	1							
					3	1		7
			8		5			
1		8	6					
							2	
	3		7			9		6
9						7		5

16

		2	5					
	4		6				1	
9				8				3
			9					4
	6	1				7	5	
8					6			
6				2				5
	2				8		4	
					7	8		

17

		2	7			3		
	6		1					4
				3	5			
						7	1	
5		1				2		9
	3	8						
			5	7				
9					2		7	
		4			3	1		

18

			4		8		2	
	5						6	
					1	9		4
1			9			3		
2								8
		8			4			7
3		2	6					
	1						3	
	9		8		5			

19

3								
		7		2				8
1			5		3		2	
	4						5	
7			2		4			1
	9						6	
	7		1		6			9
6				3		1		
								7

20

		5			2			7
			6	9				3
						8	2	
4					6	5		
		7				1		
		9	7					6
	4	3						
2				6	5			
5			8			9		

21

		6	7					9
	5		8		3			2
	1					5		
								4
	4	3				6	8	
5								
		9					3	
7			6		2		4	
1					8	2		

22

	3			6	9			
						7		4
4				2				
3						5		
5	9	6				2	7	8
		7						1
				8				5
6		1						
			6	3			2	

23

			6					
6				4		2	9	
	4	5	8					
	8							6
1			5		6			7
2							1	
					1	7	5	
	1	4		3				9
					4			

24

4			6	3				
			7			1		3
						2		4
							2	8
		9	4		6	3		
6	1							
7		8						
3		5			4			
				5	8			7

25

	7	8					5	
9					1	7		
			9					4
		3		7				6
	8						1	
6				2		5		
5					4			
		1	3					2
	4					8	6	

26

6			7					
1					6	3	4	
8					1		5	
					3	9		
		5				6		
		2	8					
	4		2					5
	7	8	4					9
					8			3

27

9						8		
			4	1	8			
	7	8		5				
		7						1
6	3						2	5
2						7		
				2		3	7	
			6	3	5			
		4						6

28

3	9							
		8			5	1		
				4			3	8
9			2					
	4	2				6	7	
					3			2
2	1			7				
		6	4			8		
							6	9

29

			1					2
					9	4		
8		6				7		9
	5			7				
3			4		2			6
				8			4	
6		3				5		7
		9	7					
2					3			

30

		5		8	6	3		
							2	
				3		4	8	
7			8					
	4	9				6	5	
					4			8
	5	6		7				
	2							
		3	6	9		2		

31

5				9		7		
						3		2
8			1	3			5	
							9	5
			9		4			
1	6							
	4			2	1			6
3		1						
		5		7				3

32

							2	1
1		8		2			3	
						9		7
2			4		9			
	5						6	
			6		7			8
8		5						
	9			6		8		5
7	4							

33

1		3	9				6	
	4							
		8	2					
3	2			4				
	8		6		5		7	
				9			3	6
					9	5		
							8	
	7				6	1		9

34

			6	8				
1					2		5	
8	2				4	6		
	9				1			2
3			4				9	
		7	1				3	4
	8		2					1
				7	9			

35

		1		3	5			
			7			2		
	9		4					3
							3	6
2	3						9	7
5	1							
1					3		5	
		7			9			
			5	4		6		

36

5								
	2		3		8		1	
		8				9		
	7	9	1					4
		2				3		
8					3	1	9	
		4				6		
	6		9		5		3	
								2

37

	7				6			
	3							
6			7	9	1	8		
	4	5			8			
		7				9		
			3			1	8	
		6	1	2	5			4
							9	
			4				1	

38

9						8	6	
	3				8		1	
				2	3			
		9			1			
		4	2		5	7		
			3			1		
			1	8				
	8		5				9	
	7	1						5

39

6				7			3	
			5	9		4		2
		2			6		8	
8		3				5		9
	1		9			2		
1		8		3	4			
	7			2				8

40

				6	2			8
		3			4	2		
								4
		8	1				9	7
		9				8		
6	4				8	3		
8								
		1	5			9		
5			9	2				

41

	4			7				
	9	5			8			
8			4	6		3		
	6				7			
		1				2		
			5				8	
		2		4	9			5
			3			7	2	
				1			9	

42

							2	
	8			4		3		
4					9	1	8	
	4	6		9				
5								9
				2		6	4	
	9	8	1					6
		1		8			3	
	3							

43

	6				8			
7		9	5	3				1
								6
1		6			9			
2								8
			2			1		5
9								
3				4	5	2		7
			7				4	

44

9			5			3	2	
2		4						7
				7				
	6				7	5		
5								6
		9	4				1	
				5				
3						1		4
	1	6			8			5

45

9			1			2		
	6							
8		5					3	4
4		2		1	8			
			9	2		4		6
6	2					9		7
							4	
		3			7			2

46

		4				5		3
2			8					
7						8	9	
	3			2			7	
			5		6			
	9			1			2	
	6	9						1
					5			9
1		2				6		

47

2					3			1
		3	9				5	
			5					3
	2					6		
1			7		5			8
		8					9	
9					6			
	4				2	1		
6			4					7

48

	5					9		
6	8			1				
		2					7	
3			9	8				
	4	8				2	9	
				5	7			4
	7					8		
				9			6	1
		4					3	

49

	3							8
4		1						
	9			3			2	6
					8	4	7	
7								5
	1	5	4					
3	8			7			9	
						7		2
6							8	

50

2				4	1			6
		4					7	
	6			7	5			
1					7		5	
	8		2					9
			5	1			8	
	2					5		
4			6	8				2

51

			5		8			
		9		4				
3	6	8					4	
6	2	7	8					
					2	4	3	8
	7					2	6	4
				2		9		
			9		5			

52

			8					1
			7	5			9	
9					2	4		
1	9						4	
		2				9		
	3						6	8
		1	5					7
	7			1	6			
3					4			

53

1	9				7		8	
						2	4	
		2			8		1	
		7		3				5
8				9		4		
	2		9			6		
	4	9						
	8		6				2	3

54

					8	5		
8			7					4
4	5			9			6	
	8				2			
7								6
			6				9	
	3			2			1	5
5					1			3
		7	4					

55

	9		7			6		1
2				8			7	
		7	4			5	8	
			3		6			
	1	9			5	3		
	2			3				5
5		1			7		4	

56

		2	9					
9		6	3					
7	5							2
	4			5				7
			6		1			
1				3			6	
3							9	1
					4	8		6
					3	2		

57

			7					
7		9		3				4
	6			2	8			
	2	1						
3	8						9	6
						1	7	
			6	5			4	
6				1		9		2
					9			

58

			1			6	2	
					5		1	
9								5
7				9	1		5	
		2				3		
	4		6	7				1
8								3
	6		4					
	9	5			8			

59

	7			9			3	
1				5				
6			1		4			
	4	9	3					
	2						9	
					2	3	8	
			4		5			6
				8				5
	8			7			1	

60

			6					
		3					8	7
	2	4	8					
					4			3
1				7				9
7			3					
					3	1	9	
5	8					6		
					9			

1

	1	2	7					
		7	8			3		
				5			4	
	4							
		9	1		3	8		
							2	
	5			4				
		3			2	4		
					6	7	1	

2

6					3		4	5
				8				
		7					9	
		6		7			1	
			5		9			
	8			6		2		
	9					8		
				3				
5	3		1					6

3

			4			5	1	
	7							3
		3	6				2	
3			9					
		5				4		
					2			1
	9				5	7		
4							9	
	6	8			7			

4

		5				2		3
				4				
1	2		8					
	1		5	2			4	
	9			7	1		6	
					9		8	4
				1				
5		8				3		

5

4				3	6	1		
		9			8			
		2						
8			9					
9	1						5	4
					4			2
						7		
			4			8		
		1	7	6				9

6

		5				7	1	
9	3		2					
					3		4	
		9		6				
1								5
				5		4		
	8		9					
					4		7	1
	6	7				3		

7

				2			7	9
	8		6					
	2			1				
					9	3		
9	3						2	5
		5	1					
				3			6	
					7		1	
4	5			9				

8

	5		6					
		6		2	4	8		
						9		
				8			6	3
	3						2	
4	2			7				
		4						
		1	9	5		2		
					7		8	

9

8	9							
		5			2	4		
6				8		7		
	2				4		8	
	3		6				1	
		7		6				5
		6	9			1		
							7	4

10

		9				7		2
1			4		5		6	
				3				5
	6	3				4	1	
9				7				
	7		8		6			3
8		4				9		

11

						1		
	6		2					
5	8						6	
7			1		3		9	
		6				7		
	2		8		9			3
	1						4	8
					5		3	
		7						

12

		8						4
	9				4			
			7					1
		2		1		5		
		1	8		6	7		
		5		7		3		
6					8			
			2				3	
4						9		

13

			5				9	
1		2		6			5	
	7		1			6		
						3		9
2		8						
		6			1		8	
	3			8		1		7
	9				2			

14

	2		8			4		
						5		
9	1		5				3	
	8				7			
		5				2		
			2				7	
	7				9		1	4
		6						
		8			1		5	

15

3	6		7					9
					4			
				8				2
6			3				8	
	5						3	
	7				2			4
2				4				
			6					
8					5		9	7

16

	3		6			1	4	
					1	2		
				2		8		
			2	1				
4								6
				8	9			
		8		9				
		9	5					
	2	6			7		3	

17

3				8		7		
9								
		4	1			2		
2			8	3				6
8				1	6			9
		6			9	4		
								8
		1		4				5

18

1				5			8	
						6		
			2			7	4	
						3		7
	9		5		3		6	
2		7						
	6	2			9			
		4						
	8			3				5

19

		9	4	1				
7						4	6	5
	8		9					
	9	7				1	5	
					2		3	
2	5	1						3
				5	8	9		

20

	9		3					
				9			7	
8			2				5	
		9					2	3
		5				7		
1	4					9		
	8				4			6
	2			5				
					1		8	

21

		1	9				5	
7				2			8	
						6		
		8					9	
1			2		5			7
	3					5		
		9						
	2			3				4
	5				6	1		

22

6	4						1	3
			2			4		
			5					
		3		9				6
	1						7	
2				7		8		
					5			
		2			4			
1	9						8	2

23

	1		8					9
	6				4	2		
	7			3				
			2					4
		6		4		7		
8					3			
				6			7	
		4	5				1	
1					2		8	

24

7			8				3	
	9							
8		5				1	2	
	6			2				
			5	3	8			
				1			5	
	2	1				6		4
							7	
	7				4			9

25

							3	7
6				2	5		8	
9								
7			4			6		
	8						2	
		6			1			9
								4
	1		3	7				8
4	7							

26

				9		4		
	3	1						
5	7				8		3	6
						2		
	5			3			7	
		8						
4	6		8				1	5
						8	9	
		3		1				

27

		4			1			9
2								
		6			3		2	
	5							6
		2	1		6	5		
9							8	
	8		5			3		
								4
5			4			1		

28

5			4	6				
	1							
8						4	2	
		8	6					4
			5	9	2			
9					7	2		
	6	3						8
							9	
				7	5			6

29

	9	4			8			
			1			5		
5	2							
		6			2	4		
7				5				8
		3	4			6		
							3	2
		1			4			
			3			8	7	

30

			1			6		7
		6				2		
	5				9			
				3		1		
4	1						3	9
		5		4				
			2				8	
		2				5		
8		9			4			

31

2				6				
7							8	
			8				4	
3	4		7					
6		5				4		1
					4		9	8
	1				3			
	3							5
				2				6

32

	6				2	1		
1						9		
5			6	7				
				4				6
	9			2			8	
3				1				
				6	7			3
		8						7
		3	8				4	

33

	2			6				
8			7					
	6				3			4
3				2				
5	9						3	8
				4				6
9			2				5	
					9			1
				5			4	

34

		4				2		5
						4		
				7	6			8
	9		8		2			
		6				1		
			7		9		6	
4			9	3				
		8						
7		2				3		

35

							3	
		2		8				
	3	9		7	6			
		6			2			7
4				6				8
5			4			3		
			1	3		7	5	
				9		2		
	6							

36

		8			5			
5		7						
			2	4				
9			7	8			6	
3								1
	4			6	9			8
				9	7			
						8		4
			5			2		

37

		1						
			9		4			7
	2	9			3			
5	6			4				9
4				9			8	1
			3			1	2	
3			8		7			
						6		

38

2		3						
	1		8				7	
4			3			6		5
			7				1	
				2				
	5				9			
9		2			3			1
	7				6		8	
						4		3

39

9			4					3
					5		6	
		8						9
	3			7		5	9	
	9	1		8			2	
2						4		
	7		3					
6					9			8

40

5	3					2		
					4	8		
				5	7		1	
1			3				9	
	7				6			3
	4		6	9				
		3	8					
		9					7	2

41

							4	8
			2	5	3			
	1							5
	6				4	7		
	4			1			2	
		8	5				9	
5							6	
			9	6	8			
4	2							

42

			4			9		
	7	1			2			
					8	3		
7			2					5
	6						1	
5					3			2
		3	9					
			5			6	4	
		9			6			

43

7						1	3	
			1				2	
				7		4		
4				2	7			
	8						7	
			5	9				6
		6		4				
	9				1			
	1	5						8

44

	6							
3			8	9		2		
				7		8		4
					1		2	
		7				5		
	1		4					
1		9		8				
		8		5	6			9
							3	

45

				3		8		
5				6		4		7
	1	2						
			6				4	
	8						2	
	9				5			
						5	3	
3		9		2				6
		4		8				

46

6			4		3			8
	7		8			1		
	5						3	7
1				6				2
2	9						4	
		4			9		5	
9			1		7			6

47

5					6	9		
					1			
	7	1	4		3			
							3	5
		8				1		
2	6							
			7		5	4	6	
			2					
		4	9					1

48

					6			7
9				2				
		2	8	9		6		
	4				8			
	7						3	
			5				2	
		1		6	2	8		
				7				6
4			1					

49

					9			8
		8		7		2		
	4					5		3
				8	7			
	6						3	
			4	9				
5		3					9	
		7		2		3		
2			6					

50

1	3					6		
				6				
8					9		4	
		7				3		
3			5		4			1
		8				4		
	7		1					8
				8				
		9					7	2

51

	3			9				
					5			2
		8				7		1
				2			3	9
		1				4		
5	8			6				
4		2				9		
1			5					
				1			6	

52

5		9						2
					8	4		
					9		6	
	2		7					9
	5			9			4	
9					3		1	
	7		5					
		4	8					
8						6		3

53

			9				2	4
						8		
8		7		3				
					1		3	8
6				8				5
9	4		3					
				5		3		7
		6						
7	2				6			

54

				5	3			
7						5		
	6		1			9	4	
					6	7		
9								8
		1	9					
	1	2			4		3	
		4						6
			5	2				

1

	9				1	3		
					2			4
8		1						
					4	5		7
	2						4	
9		3	7					
						1		5
7			6					
		9	5				3	

2

5								
8			4		3			6
						1	4	
		2			7		6	
6								8
	1		2			9		
	7	5						
9			3		6			1
								2

3

				6	7	2	8	
					4			
	7					3		
5			8					
3	8						6	7
					2			3
		6					4	
			5					
	3	9	1	8				

4

5			7	2				
6						4		
	2					1		
	3		2	9				
	1			3			8	
				8	6		4	
		2					5	
		3						9
				6	5			7

5

						5	9	
1				4				
8			2		3			7
4			1				6	
				7				
	6				9			1
3			7		6			8
				3				2
	1	4						

6

					5			7
6	8				9			
				3			5	
		9					4	1
		7		4		9		
1	2					6		
	7			9				
			7				1	6
4			6					

7

	4		6			8		
2						7		
		1		5				
					7		6	8
	9						4	
7	8		1					
				9		4		
		3						2
		2			3		9	

8

4						6		8
	6	8	9					
					7			5
5				6				
	1			3			4	
				7				9
9			8					
					1	8	3	
8		7						4

9

								5
	1			2	4			
	8	3		7		1		
6	5	4		8				
				5		8	9	7
		7		4		6	2	
			8	3			7	
5								

10

	2			1				
1			4		9		8	
					5	4		
8					7			
9								2
			6					5
		6	7					
	3		2		4			9
				9			4	

11

	4							8
	5		7		3	1		
		2						
	9		6			3		4
			3		1			
3		8			9		1	
						9		
		4	9		5		3	
8							2	

12

			7		9			
							1	
		8					5	3
2							6	1
6			1		5			4
3	7							5
1	6					8		
	2							
			8		4			

13

		6	2	7			8	
2								
	4						3	
1			8					7
			5		4			
9					1			2
	3						4	
								1
	5			1	9	7		

14

	4					6	2	
3						4		
		6			5			
4				2				9
			6		7			
1				8				5
			1			7		
		3						8
	8	9					3	

15

	2						3	4
						6		
			7		5			1
1			5	8				
4								3
				2	6			5
6			3		1			
		5						
8	7						6	

16

	4		2			8		3
6							7	
				5				
9				7			1	
8			1		5			9
	3			8				4
				6				
	1							5
4		6			9		2	

17

9				8		7	4	
6				5				
4			3					
	1					6		
			1		9			
		7					8	
					5			9
				2				8
	6	9		7				5

18

					3	4		
					6	5	9	3
		9			2			
							6	4
1								5
8	4							
			5			8		
6	2	5	7					
		3	4					

19

				3		4	2	
		5			2			9
2					8			
	5			9			3	
3								1
	2			5			9	
			3					8
1			8			6		
	4	6		1				

20

						9	3	
1		6						
			9	5				2
		4			9			
2			8		1			9
			6			8		
3				2	5			
						1		4
	5	7						

21

2						4		
				5			9	1
5					7	6		
7		3						
			2		3			
						8		2
		1	9					7
6	4			8				
		9						6

22

	7							
6				9	4	3		
				5		6		
7	5							
	8		2		9		7	
							9	1
		8		3				
		4	1	6				5
							2	

23

					1	3	8	
1				6				
7						1	9	
	6		5	8		2		
		9		1	4		7	
	8	3						2
				9				4
	9	5	6					

24

	8				1			5
	9				7			
2		3	5					7
		6		8				
	3						9	
				4		6		
4					6	7		2
			3				5	
3			4				1	

25

			5			4		
3	2							
7			6			8		3
2				9			5	
	1			3				7
6		5			7			8
							9	4
		9			4			

26

			4					
	1				2		4	
5		6			3			1
	5	7			6			
		8				5		
			2			1	7	
3			7			9		4
	2		8				6	
					5			

27

	3	2		7	9			
		6					8	1
3					4			
		9	6		2	7		
			1					5
4	1					3		
			2	8		1	9	

28

		2			3			
		6			2			
	1					3		8
	6			1				7
		5		7		2		
1				8			9	
5		9					4	
			9			5		
			6			8		

29

1	6					9		
			4	7				1
						5		
3			5					
2			3	8	9			7
					7			2
		8						
9				1	8			
		6					3	4

30

	6		4				7	
			1			8		
9				2			5	
						6	2	
		2	5		7	4		
	9	3						
	2			4				7
		4			6			
	5				2		9	

31

					7			9
1		5				6		
	6			3		7		
		7	3	8			4	
	8			1	4	9		
		2		4			8	
		3				2		6
7			5					

32

	7			3			6	
6			8		7			
4						5		
		8	3	4				
9								6
				8	1	4		
		4						8
			6		9			1
	6			5			3	

33

			4					1
	9		2					
8		6				2		
2		7		3				
	1		7		4		9	
				5		3		7
		5				9		8
					7		6	
7					1			

34

			9					3
				7		6		
8		4			2			
	5			8			9	
		8	3		7	2		
	9			6			3	
			8			4		9
		2		1				
5					9			

35

		2	8					
		7			1	5		
			2	5	4			
		1					3	8
	9						1	
6	3					2		
			4	3	6			
		4	5			1		
					9	7		

36

	9				1	3		
					2			4
8		1						
					4	5		7
	2						4	
9		3	7					
						1		5
7			6					
		9	5				3	

37

	3					8		1
	5		7		8			
		6						
6					1		2	
	8			3			6	
	9		4					7
						7		
			6		5		8	
9		7					4	

38

	3					4		
				4	8		7	
			9				1	
7			8					5
5				9				6
2					6			3
	1				4			
	9		3	8				
		2					6	

39

		2						
	9	8			5	7	3	
				9				
		1			4		5	
5			3		9			1
	6		1			2		
				8				
	1	3	2			8	4	
						6		

40

	7				5	2		8
6			4					
					2		5	
		8						5
			6	5	1			
2						7		
	9		2					
					9			1
3		1	7				4	

41

								1
					6	4	2	
				1	5		9	
2					7		3	
3				6				2
	7		2					8
	1		9	8				
	5	6	1					
9								

42

	8				3			
		7					2	
3		4		6				
	6			3	2		1	
		5				9		
	3		9	5			7	
				8		5		9
	9					8		
			1				4	

43

			9			1		
8	1					4	3	7
	4							
6				5	3			
7								4
			2	8				6
							8	
4	2	5					7	9
		7			2			

44

	3			8		1		
9						4		
6					2			9
			7	5		3		
			3		8			
		5		1	4			
4			5					8
		1						3
		8		4			2	

45

9					8	5		
		5			1	8		6
					4			
	3				2		7	8
8	7		1				9	
			3					
6		1	8			2		
		9	6					4

46

			3			8		
2						6		
4				6		7		9
					8		9	
			6	9	7			
	1		4					
5		7		8				2
		1						4
		9			3			

47

	3	1				5		
9					8		3	
			9					7
1					6			
8				9				4
			7					3
6					9			
	7		4					8
		2				9	6	

48

			3		5	4		
						5	8	
6			2					
		7					5	1
5				1				4
1	8					6		
					1			9
	3	4						
		9	8		4			

49

3		7	9			4		
				8			1	
9			3					
			8				3	7
		9				1		
4	8				6			
					1			6
	2			5				
		4			8	2		1

50

5				7				6
	3				1			9
		8				1	2	
	6			1	3			
			8	4			9	
	5	9				6		
2			5				4	
3				8				7

51

	7		5					
					2			
6		8				2		7
	2			4				5
	8			6			9	
3				7			4	
5		4				8		6
			4					
					9		3	

52

3								
	9	4	1		7			
1		8			5			6
	1			2				
		3				6		
				7			4	
5			9			4		2
			5		8	9	3	
								1

53

					1			7
	5			4				3
3	2							
		3		9		1		
	6		2		8		4	
		8		1		3		
							5	4
4				5			2	
6			4					

54

2					4			
		7			6			8
3		6			7			
	8				3			1
		2				3		
1			8				7	
			9			1		3
5			1			6		
			7					5

1

	2			9		5		7
9								
5			3					6
	4				9		5	
			2		1			
	5		7				1	
6					8			2
								9
8		3		2			7	

2

					4			
1	7				3			9
	3	5				8		
			7	1			2	
8								6
	2			3	9			
		8				1	3	
6			1				4	7
			3					

3

				1	5			7
	4							
2	5		8		7			
8		9		4				
	6						7	
				9		2		1
			2		4		5	3
							1	
9			3	6				

4

	7		5					4
2			3	9				
		1				8		
	6	9		8		3		
		8		7		4	2	
		2				7		
				5	9			8
1					2		5	

5

		7				1		
	3				9			
9					7		6	2
					5			
2		4		6		7		9
			1					
5	1		2					6
			6				8	
		9				3		

6

				1		9		8
			3	6				
4					7		5	
3		4						
		6		4		8		
						2		9
	5		8					6
				2	5			
2		7		9				

7

		2			7			
		8		2				
	3					5		6
4					1			5
		1		4		9		
3			5					1
6		4					8	
				8		4		
			9			3		

8

	3			4	9			
		9					4	8
	6				8			
	5					2		
		3	8		1	4		
		1					6	
			7				8	
2	4					3		
			5	3			2	

9

		5			9			2
	4					8	5	
			4				7	
		1	3					
	3		6		7		8	
					2	1		
	5				6			
	1	2					3	
4			9			6		

10

					5		2	6
	5		9					
1		3					8	
		5	7		9	3		
		7	5		3	8		
	8					9		2
				7			4	
2	1		4					

11

			3			9		
5	6					8		
				8				6
	3		8				2	1
6								4
7	5				4		8	
3				1				
		2					3	9
		5			7			

12

		1						6
3		5		9				
	4		7	2			9	
					5			
	6			8			2	
			4					
	2			3	9		6	
				7		5		3
8						9		

13

					6			4
				8		5		2
7	9			2				
	8		5			1		
			2		8			
		3			1		6	
				1			9	7
1		7		5				
2			6					

14

				7				
			2				3	9
4	9	6	1					
					9	6		2
	7						4	
5		3	7					
					5	3	1	7
7	8				2			
				1				

15

	6	3		7	1			
		1	8	4				
	2					3		
7		9					4	
	3					7		2
		5					8	
				8	9	4		
			3	6		9	5	

16

	7	4						
		8	2		5		3	
		1		9				
	9	7	6					
	8						2	
					4	3	6	
				5		1		
	5		7		8	4		
						2	5	

17

	3				5			8
		1	8				6	
6	8					4		
7	6		1					
					3		5	9
		7					4	5
	9				2	7		
1			7				8	

18

3	4				1			
					7	1		
	8		9	4				
8		2				7		1
4		5				2		9
				9	4		6	
		3	6					
			2				9	3

19

	9				2	6		
			1					
		3		8	7	1		
			4			9		
	2	7				8	5	
		1			9			
		6	9	1		3		
					3			
		9	8				7	

20

	1					3	8	
			3		7	1		
3						9		
		3	2		9			4
6			1		5	2		
		4						7
		1	8		6			
	7	2					1	

21

5			3					6
					4	2		
					6	8	5	
	3						1	2
			4		3			
2	8						9	
	5	8	9					
		3	5					
6					2			4

22

	2		4		6	3		
		5				8		
					7		4	
4			1				6	
				2				
	3				8			7
	1		8					
		8				2		
		2	9		4		1	

23

2					6			7
	8			3		6		
		5	9		4			
1				7				
		3				8		
				9				6
			4		7	9		
		4		8			3	
9			3					2

24

	7							
8	1			7				
		5	2				3	
7	6				2			
		4	3		7	8		
			4				5	9
	9				5	3		
				6			8	2
							9	

25

1				8	5	3		
	4							6
			6					
		9		4			6	8
	8						7	
2	5			9		1		
					7			
4							8	
		2	1	3				7

26

7				1			5	
3			4			1		9
						4		
			8	6		7		
	5						9	
		6		4	1			
		7						
1		5			9			2
	9			2				3

27

4	1		6					8
2							1	
		6	1					9
	4	5		8				
				9		3	8	
9					4	7		
	2							1
8					3		4	2

28

				1			6	
					8	3		
8		9	4			1		
	9	3		6				
		7				5		
				4		7	1	
		2			5	8		7
		4	1					
	6			2				

29

			5		9			
6	2		1					
		3				4		1
	8		7			5		
5								9
		7			8		1	
3		4				9		
					1		3	5
			9		2			

30

							1	5
		6		4				
	4				1	3		
			2			9		8
	7			6			3	
8		4			7			
		5	3				6	
				8		7		
2	8							

31

1							2	
				9	2	8		
3				4				
7		5	6					9
		9				3		
8					9	6		5
				5				2
		8	7	3				
	4							1

32

5		2			3			
					1		5	
	1					6		
	2	5		8				7
	6						1	
9				5		4	6	
		3					8	
	9		4					
			2			1		5

33

7	8						6	
	2	9				8		
			4					
3					4	7		
			6	5	8			
		8	2					9
					3			
		7				2	5	
	9						1	3

34

				8			1	
	9	5		1		8		
		8	5					
1							9	4
				5				
7	4							8
					3	2		
		6		7		1	3	
	2			6				

35

8					5	3		
7	6		4					
		3	6					9
			2					8
	4						2	
5					7			
1					6	8		
					1		7	4
		6	9					2

36

					6	3		9
9		5						2
	6							
			3		2		7	
3		9				5		8
	7		5		4			
							4	
4						7		5
2		1	8					

37

		9		6	2	1		
8			7					
1	3							
			8	7			6	
		5				9		
	7			9	4			
							3	4
					5			1
		4	3	8		2		

38

			2	6			3	
		3	4	8			5	
8							4	
		6						9
	2						1	
9						2		
	7							5
	6			9	1	3		
	5			2	8			

39

			7					4
				4		1	9	
		1			5		6	
	6	2				5		
				9				
		9				4	7	
	4		5			8		
	9	5		3				
3					8			

40

						6	8	
		3						9
	7		9		2			
1					4			7
		5	7		9	2		
6			1					3
			4		8		1	
7						4		
	3	2						

41

		4		7			8	
			8			6		
	9				5			3
				8			7	
5	4						6	2
	6			4				
1			7				5	
		2			3			
	8			5		9		

42

					7	2	8	
9	3				6			
	4			1				9
1					9	3		
		7	3					8
3				5			2	
			4				5	6
	2	6	7					

43

	7		2			9		
			3	7			5	
				4				8
			9			6	3	
6								2
	5	4			6			
9				3				
	8			1	2			
		1			7		4	

44

9					1			7
	7				8		2	
		6						
		2	3	4		8		
		3				9		
		9		8	2	6		
						4		
	4		6				5	
5			2					8

45

6			2					
		8	6	7		3		
5			3					9
		9					7	
4								1
	2					5		
1					4			5
		7		1	2	9		
					8			7

46

		2			4			9
				7				
5			6		3			7
				2		4	1	
	3						5	
	8	4		9				
6			5		2			3
				8				
8			9			5		

47

					8			2
	2						4	7
6			1			8		9
			4	1				
		4				5		
				3	2			
8		1			5			3
2	9						7	
5			3					

48

	8		3					
		5		6	8			1
1						8	9	
8								
	5	9				2	3	
								7
	1	4						6
9			8	2		5		
					6		1	

49

					4		6	
3							4	9
	8				6	7		
	1	6	4					
		2				4		
					1	6	5	
		8	9				3	
6	5							8
	7		3					

50

	5					1		4
		4						
			1	8		3	5	
	3			6	2			
		5				4		
			5	9			7	
	2	8		5	3			
						6		
5		3					1	

51

			8			7		
			2	3			4	8
9								1
	7			8	3			
		8				3		
			7	5			2	
6								5
5	9			1	8			
		1			4			

52

4			6		7		1	
					8			
3		7				8		
	1				4			
		6		9		5		
			3				2	
		9				4		8
			5					
	3		4		1			2

53

					2			
4						7		9
		3	6			5		8
		1		8				5
	7						1	
5				9		3		
7		5			4	2		
1		9						3
			2					

54

	2	7		5				
	1					6		
	9		8	2				
8			7					
5								4
					2			9
				8	5		6	
		3					1	
				7		9	8	

1

	6	1	3					
5	2		6					
		4		2			8	
	1		7					3
3					5		9	
	7			3		8		
					1		4	6
					8	5	3	

2

				9	2		3	
9	3							
		1			8		2	
7		4	1					
		5				3		
					9	5		8
	4		8			7		
							8	4
	2		6	7				

3

			2			8	6	
	7				3			4
	3				6			
6							4	
9				4				8
	4							5
			7				2	
8			9				1	
	5	4			1			

4

	4	6		3		1		
				4			8	6
					7		9	2
		4		1		6		
8	2		9					
9	8			7				
		1		8		5	3	

5

	6			4				5
9					2	7		6
								8
	2						9	
	1		6		3		7	
	7						5	
1								
8		3	7					1
6				5			3	

6

		1			8			
	7		5					
		3		4		7		1
	1			9				
	5	8				1	2	
				2			6	
3		2		7		6		
					2		9	
			9			3		

7

	9	6				4		
	4			9				
		2	4	8				6
	8	9						
1								7
						8	3	
8				6	5	2		
				4			5	
		1				3	7	

8

1	9				7			
					1		8	6
		5	4					
	7				2	3		
		3				7		
		1	5				6	
					4	6		
3	2		1					
			3				5	4

9

		3			4	8		
	5				1			
			8			2	5	
	3	4					7	6
9	6					4	3	
	9	2			3			
			9				1	
		1	5			7		

10

		1			4			3
		6		5			8	
			9					2
				6		9	7	
1								5
	6	5		3				
8					5			
	2			4		7		
5			7			4		

11

		1	4					
				7		9		
	9		2			5		3
		4						1
			5	4	6			
5						2		
2		8			4		9	
		5		1				
					5	7		

12

				8				
7					4	1		
		2	3	9				7
		1				8	2	
	6						9	
	9	5				3		
1				6	2	4		
		6	5					9
				3				

13

	2	4			7			3
5							6	
					2			
	9	3			4			7
				9				
6			3			1	9	
			8					
	3							4
1			5			2	7	

14

		9	6	7				
				1		4		
		6	4				8	
	1							2
		4		5		7		
2							9	
	7				9	3		
		2		3				
				6	8	5		

15

	4				1			
					2	1	6	
			9				7	4
5							1	
8			7		3			2
	2							5
2	3				7			
	9	8	2					
			6				5	

16

	3			1	5	9		
		4			3			
		8					1	
		1		4				6
6								1
9				7		8		
	7					3		
			8			5		
		6	7	3			4	

17

				2		6		9
	8				1		7	
				6				
		8				5		6
	4	7				8	9	
5		2				4		
				7				
	3		8				2	
1		4		5				

18

1

2	6	4	3	9	5	1	7	8
5	8	3	1	7	4	9	6	2
9	1	7	6	2	8	5	4	3
4	2	5	9	8	1	6	3	7
6	3	1	2	4	7	8	5	9
8	7	9	5	6	3	2	1	4
1	4	8	7	5	9	3	2	6
3	9	2	4	1	6	7	8	5
7	5	6	8	3	2	4	9	1

2

8	6	9	1	5	4	3	7	2
3	1	2	9	6	7	4	8	5
7	5	4	3	8	2	9	6	1
2	9	7	8	1	3	6	5	4
1	8	3	5	4	6	2	9	7
6	4	5	2	7	9	8	1	3
9	7	8	4	3	1	5	2	6
4	2	1	6	9	5	7	3	8
5	3	6	7	2	8	1	4	9

3

6	3	9	7	5	8	4	1	2
7	2	1	3	4	6	9	8	5
8	5	4	1	2	9	6	7	3
9	6	2	8	1	4	5	3	7
4	8	7	6	3	5	1	2	9
3	1	5	2	9	7	8	6	4
2	9	6	4	7	1	3	5	8
1	4	3	5	8	2	7	9	6
5	7	8	9	6	3	2	4	1

4

1	2	4	5	6	7	8	9	3
5	7	8	3	1	9	2	6	4
3	6	9	2	8	4	5	7	1
4	9	2	1	7	8	6	3	5
6	5	7	9	4	3	1	8	2
8	1	3	6	5	2	7	4	9
9	3	5	7	2	6	4	1	8
2	8	6	4	9	1	3	5	7
7	4	1	8	3	5	9	2	6

5

2	1	7	9	8	5	3	6	4
9	6	3	1	4	7	5	2	8
5	4	8	3	6	2	1	9	7
8	9	4	6	7	1	2	5	3
1	3	2	5	9	4	8	7	6
7	5	6	2	3	8	4	1	9
3	8	1	7	5	6	9	4	2
4	7	5	8	2	9	6	3	1
6	2	9	4	1	3	7	8	5

6

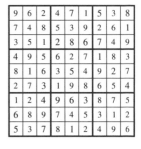

9	6	2	4	7	1	5	3	8
7	4	8	5	3	9	2	6	1
3	5	1	2	8	6	7	4	9
4	9	5	6	2	7	1	8	3
8	1	6	3	5	4	9	2	7
2	7	3	1	9	8	6	5	4
1	2	4	9	6	3	8	7	5
6	8	9	7	4	5	3	1	2
5	3	7	8	1	2	4	9	6

7

8	4	2	1	6	7	9	5	3
7	6	9	8	5	3	2	1	4
3	5	1	4	9	2	7	8	6
6	3	8	9	1	5	4	2	7
1	9	4	7	2	8	3	6	5
5	2	7	6	3	4	8	9	1
9	8	5	3	4	1	6	7	2
2	7	3	5	8	6	1	4	9
4	1	6	2	7	9	5	3	8

8

3	4	1	7	9	6	2	8	5
7	9	8	2	5	1	4	3	6
6	2	5	8	3	4	1	7	9
9	5	4	1	2	8	3	6	7
1	3	6	5	4	7	8	9	2
8	7	2	9	6	3	5	1	4
5	1	7	4	8	9	6	2	3
2	6	9	3	1	5	7	4	8
4	8	3	6	7	2	9	5	1

9

3	2	8	6	7	9	4	5	1
9	4	1	2	8	5	6	3	7
6	5	7	4	3	1	2	9	8
2	7	3	9	6	8	1	4	5
4	9	6	5	1	2	7	8	3
8	1	5	3	4	7	9	2	6
7	6	2	8	5	4	3	1	9
5	3	4	1	9	6	8	7	2
1	8	9	7	2	3	5	6	4

10

2	5	4	7	6	1	9	3	8
6	8	1	3	4	9	5	2	7
3	7	9	2	5	8	1	4	6
1	2	5	8	3	4	6	7	9
7	9	3	6	2	5	4	8	1
4	6	8	9	1	7	3	5	2
9	4	6	5	7	2	8	1	3
8	1	2	4	9	3	7	6	5
5	3	7	1	8	6	2	9	4

11

2	1	8	7	4	5	6	9	3
5	7	4	9	3	6	8	2	1
6	9	3	2	1	8	4	7	5
9	3	6	4	2	1	5	8	7
4	8	7	5	9	3	2	1	6
1	2	5	8	6	7	3	4	9
8	5	9	6	7	4	1	3	2
7	6	1	3	8	2	9	5	4
3	4	2	1	5	9	7	6	8

12

8	1	5	2	7	9	6	3	4
3	2	6	4	8	1	7	5	9
7	4	9	5	6	3	8	1	2
5	6	7	1	4	8	9	2	3
4	9	8	3	2	7	5	6	1
2	3	1	6	9	5	4	8	7
9	5	2	7	3	6	1	4	8
1	7	4	8	5	2	3	9	6
6	8	3	9	1	4	2	7	5

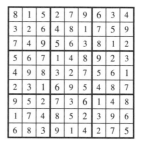

13

1	9	6	5	2	4	3	8	7
2	8	4	3	1	7	9	5	6
7	3	5	8	9	6	1	4	2
5	4	2	6	8	1	7	9	3
3	6	7	2	5	9	8	1	4
9	1	8	7	4	3	2	6	5
6	2	9	1	3	5	4	7	8
4	5	3	9	7	8	6	2	1
8	7	1	4	6	2	5	3	9

14

1	3	8	7	5	4	9	6	2
5	4	2	6	9	8	3	7	1
6	9	7	1	2	3	4	8	5
3	1	6	5	8	7	2	9	4
8	7	4	9	3	2	5	1	6
9	2	5	4	6	1	8	3	7
7	8	3	2	4	6	1	5	9
2	5	1	8	7	9	6	4	3
4	6	9	3	1	5	7	2	8

15

9	6	1	3	4	5	8	7	2
8	4	3	7	2	6	1	5	9
5	2	7	1	9	8	4	3	6
7	5	2	9	8	4	6	1	3
4	1	9	5	6	3	2	8	7
3	8	6	2	1	7	5	9	4
2	9	4	8	7	1	3	6	5
1	7	5	6	3	2	9	4	8
6	3	8	4	5	9	7	2	1

16

8	4	7	3	6	1	5	9	2
5	9	6	4	7	2	3	1	8
3	1	2	5	8	9	6	7	4
6	5	9	2	4	3	1	8	7
4	7	3	8	1	5	2	6	9
1	2	8	6	9	7	4	5	3
7	6	5	9	3	4	8	2	1
2	3	1	7	5	8	9	4	6
9	8	4	1	2	6	7	3	5

17

3	8	2	5	7	1	4	9	6
7	4	5	6	9	3	2	1	8
9	1	6	2	8	4	5	7	3
2	3	7	9	1	5	6	8	4
4	6	1	8	3	2	7	5	9
8	5	9	7	4	6	3	2	1
6	7	8	4	2	9	1	3	5
5	2	3	1	6	8	9	4	7
1	9	4	3	5	7	8	6	2

18

4	5	2	7	9	6	3	8	1
3	6	7	1	2	8	5	9	4
1	8	9	4	3	5	6	2	7
2	9	6	3	5	4	7	1	8
5	4	1	8	6	7	2	3	9
7	3	8	2	1	9	4	6	5
8	2	3	5	7	1	9	4	6
9	1	5	6	4	2	8	7	3
6	7	4	9	8	3	1	5	2

19

9	6	1	4	7	8	5	2	3
8	5	4	2	9	3	7	6	1
7	2	3	5	6	1	9	8	4
1	4	6	9	8	7	3	5	2
2	7	9	3	5	6	1	4	8
5	3	8	1	2	4	6	9	7
3	8	2	6	1	9	4	7	5
6	1	5	7	4	2	8	3	9
4	9	7	8	3	5	2	1	6

20

3	2	9	4	1	8	5	7	6
4	5	7	6	2	9	3	1	8
1	6	8	5	7	3	9	2	4
8	4	6	3	9	1	7	5	2
7	3	5	2	6	4	8	9	1
2	9	1	7	8	5	4	6	3
5	7	3	1	4	6	2	8	9
6	8	2	9	3	7	1	4	5
9	1	4	8	5	2	6	3	7

21

3	8	5	1	4	2	6	9	7
7	1	2	6	9	8	4	5	3
9	6	4	5	3	7	8	2	1
4	3	8	2	1	6	5	7	9
6	5	7	3	8	9	1	4	2
1	2	9	7	5	4	3	8	6
8	4	3	9	7	1	2	6	5
2	9	1	4	6	5	7	3	8
5	7	6	8	2	3	9	1	4

22

4	8	6	7	2	5	3	1	9
9	5	7	8	1	3	4	6	2
3	1	2	9	6	4	5	7	8
6	9	8	2	3	7	1	5	4
2	4	3	1	5	9	6	8	7
5	7	1	4	8	6	9	2	3
8	2	9	5	4	1	7	3	6
7	3	5	6	9	2	8	4	1
1	6	4	3	7	8	2	9	5

23

7	3	5	4	6	9	8	1	2
1	6	2	8	5	3	7	9	4
4	8	9	1	2	7	3	5	6
3	1	4	2	7	8	5	6	9
5	9	6	3	1	4	2	7	8
8	2	7	5	9	6	4	3	1
2	7	3	9	8	1	6	4	5
6	5	1	7	4	2	9	8	3
9	4	8	6	3	5	1	2	7

24

9	2	1	6	5	7	3	4	8
6	7	8	1	4	3	2	9	5
3	4	5	8	9	2	6	7	1
4	8	7	3	1	9	5	2	6
1	9	3	5	2	6	4	8	7
2	5	6	4	7	8	9	1	3
8	3	2	9	6	1	7	5	4
7	1	4	2	3	5	8	6	9
5	6	9	7	8	4	1	3	2

25

4	8	1	6	3	2	7	9	5
2	5	6	7	4	9	1	8	3
9	3	7	8	1	5	2	6	4
5	4	3	1	9	7	6	2	8
8	7	9	4	2	6	3	5	1
6	1	2	5	8	3	4	7	9
7	9	8	3	6	1	5	4	2
3	2	5	9	7	4	8	1	6
1	6	4	2	5	8	9	3	7

26

4	7	8	2	3	6	1	5	9
9	3	6	4	5	1	7	2	8
1	5	2	9	8	7	6	3	4
2	1	3	5	7	8	9	4	6
7	8	5	6	4	9	2	1	3
6	9	4	1	2	3	5	8	7
5	2	7	8	6	4	3	9	1
8	6	1	3	9	5	4	7	2
3	4	9	7	1	2	8	6	5

27

6	5	3	7	8	4	2	9	1
1	2	7	9	5	6	3	4	8
8	9	4	3	2	1	7	5	6
7	6	1	5	4	3	9	8	2
4	8	5	1	9	2	6	3	7
9	3	2	8	6	7	5	1	4
3	4	6	2	1	9	8	7	5
2	7	8	4	3	5	1	6	9
5	1	9	6	7	8	4	2	3

28

9	1	2	3	7	6	8	5	4
5	6	3	4	1	8	2	9	7
4	7	8	2	5	9	6	1	3
8	4	7	5	6	2	9	3	1
6	3	1	9	8	7	4	2	5
2	9	5	1	4	3	7	6	8
1	5	6	8	2	4	3	7	9
7	8	9	6	3	5	1	4	2
3	2	4	7	9	1	5	8	6

29

3	9	4	1	2	8	7	5	6
7	6	8	9	3	5	1	2	4
1	2	5	6	4	7	9	3	8
9	7	3	2	6	4	5	8	1
8	4	2	5	1	9	6	7	3
6	5	1	7	8	3	4	9	2
2	1	9	8	7	6	3	4	5
5	3	6	4	9	2	8	1	7
4	8	7	3	5	1	2	6	9

30

9	3	4	1	6	7	8	5	2
5	2	7	8	3	9	4	6	1
8	1	6	5	2	4	7	3	9
4	5	1	3	7	6	2	9	8
3	9	8	4	5	2	1	7	6
7	6	2	9	8	1	3	4	5
6	4	3	2	9	8	5	1	7
1	8	9	7	4	5	6	2	3
2	7	5	6	1	3	9	8	4

2	1	5	4	8	6	3	9	7
3	8	4	7	1	9	5	2	6
6	9	7	5	3	2	4	8	1
7	6	1	8	5	3	9	4	2
8	4	9	1	2	7	6	5	3
5	3	2	9	6	4	1	7	8
9	5	6	2	7	1	8	3	4
1	2	8	3	4	5	7	6	9
4	7	3	6	9	8	2	1	5

31

5	1	3	4	9	2	7	6	8
4	9	6	5	8	7	3	1	2
8	7	2	1	3	6	4	5	9
2	3	4	7	1	8	6	9	5
7	5	8	9	6	4	2	3	1
1	6	9	2	5	3	8	7	4
9	4	7	3	2	1	5	8	6
3	8	1	6	4	5	9	2	7
6	2	5	8	7	9	1	4	3

32

5	3	9	7	4	8	6	2	1
1	7	8	9	2	6	5	3	4
6	2	4	5	3	1	9	8	7
2	8	6	4	1	9	7	5	3
4	5	7	3	8	2	1	6	9
9	1	3	6	5	7	2	4	8
8	6	5	1	7	3	4	9	2
3	9	1	2	6	4	8	7	5
7	4	2	8	9	5	3	1	6

33

1	5	3	9	7	4	8	6	2
7	4	2	1	6	8	3	9	5
9	6	8	2	5	3	7	1	4
3	2	6	7	4	1	9	5	8
4	8	9	6	3	5	2	7	1
5	1	7	8	9	2	4	3	6
6	3	1	4	8	9	5	2	7
2	9	4	5	1	7	6	8	3
8	7	5	3	2	6	1	4	9

34

5	3	4	6	8	7	1	2	9
1	7	6	9	3	2	4	5	8
8	2	9	5	1	4	6	7	3
6	9	8	7	5	1	3	4	2
7	4	2	8	9	3	5	1	6
3	1	5	4	2	6	8	9	7
2	5	7	1	6	8	9	3	4
9	8	3	2	4	5	7	6	1
4	6	1	3	7	9	2	8	5

35

8	2	1	6	3	5	9	7	4
3	6	4	7	9	8	2	1	5
7	9	5	4	2	1	8	6	3
4	7	8	9	5	2	1	3	6
2	3	6	1	8	4	5	9	7
5	1	9	3	7	6	4	8	2
1	4	2	8	6	3	7	5	9
6	5	7	2	1	9	3	4	8
9	8	3	5	4	7	6	2	1

36

37

5	9	1	6	7	4	2	8	3
7	2	6	3	9	8	4	1	5
4	3	8	5	1	2	9	6	7
3	7	9	1	8	6	5	2	4
6	1	2	4	5	9	3	7	8
8	4	5	7	2	3	1	9	6
1	8	4	2	3	7	6	5	9
2	6	7	9	4	5	8	3	1
9	5	3	8	6	1	7	4	2

38

5	7	1	8	3	6	4	2	9
9	3	8	2	5	4	7	6	1
6	2	4	7	9	1	8	5	3
1	4	5	9	6	8	2	3	7
3	8	7	5	1	2	9	4	6
2	6	9	3	4	7	1	8	5
8	9	6	1	2	5	3	7	4
4	1	2	6	7	3	5	9	8
7	5	3	4	8	9	6	1	2

39

9	5	2	7	1	4	8	6	3
6	3	7	9	5	8	4	1	2
1	4	8	6	2	3	9	5	7
3	2	9	8	7	1	5	4	6
8	1	4	2	6	5	7	3	9
7	6	5	3	4	9	1	2	8
5	9	3	1	8	2	6	7	4
4	8	6	5	3	7	2	9	1
2	7	1	4	9	6	3	8	5

40

4	2	9	3	6	1	8	5	7
6	8	5	4	7	2	9	3	1
7	3	1	5	9	8	4	6	2
9	4	2	1	5	6	7	8	3
8	6	3	2	4	7	5	1	9
5	1	7	9	8	3	2	4	6
1	9	8	7	3	4	6	2	5
3	7	4	6	2	5	1	9	8
2	5	6	8	1	9	3	7	4

41

9	1	4	7	6	2	5	3	8
7	6	3	8	5	4	2	1	9
2	8	5	3	1	9	7	6	4
3	2	8	1	4	5	6	9	7
1	5	9	6	7	3	8	4	2
6	4	7	2	9	8	3	5	1
8	9	2	4	3	6	1	7	5
4	3	1	5	8	7	9	2	6
5	7	6	9	2	1	4	8	3

42

1	4	6	9	7	3	8	5	2
3	9	5	1	2	8	6	7	4
8	2	7	4	6	5	3	1	9
9	6	3	2	8	7	5	4	1
5	8	1	6	9	4	2	3	7
2	7	4	5	3	1	9	8	6
7	3	2	8	4	9	1	6	5
4	1	9	3	5	6	7	2	8
6	5	8	7	1	2	4	9	3

3	7	5	8	1	6	9	2	4
1	8	9	2	4	5	3	6	7
4	6	2	3	7	9	1	8	5
8	4	6	7	9	1	2	5	3
5	2	3	4	6	8	7	1	9
9	1	7	5	2	3	6	4	8
2	9	8	1	3	4	5	7	6
6	5	1	9	8	7	4	3	2
7	3	4	6	5	2	8	9	1

43

5	6	1	4	9	8	3	7	2
7	2	9	5	3	6	4	8	1
4	8	3	1	2	7	9	5	6
1	3	6	8	5	9	7	2	4
2	4	5	3	7	1	6	9	8
8	9	7	2	6	4	1	3	5
9	7	4	6	8	2	5	1	3
3	1	8	9	4	5	2	6	7
6	5	2	7	1	3	8	4	9

44

9	7	8	5	4	6	3	2	1
2	5	4	3	9	1	8	6	7
6	3	1	8	7	2	4	5	9
1	6	3	9	8	7	5	4	2
5	4	7	2	1	3	9	8	6
8	2	9	4	6	5	7	1	3
7	9	2	1	5	4	6	3	8
3	8	5	6	2	9	1	7	4
4	1	6	7	3	8	2	9	5

45

9	3	7	1	4	6	2	8	5
2	6	4	3	8	5	7	1	9
8	1	5	2	7	9	6	3	4
4	7	2	6	1	8	5	9	3
3	9	6	7	5	4	1	2	8
5	8	1	9	2	3	4	7	6
6	2	8	4	3	1	9	5	7
7	5	9	8	6	2	3	4	1
1	4	3	5	9	7	8	6	2

46

9	8	4	2	7	1	5	6	3
2	5	6	8	3	9	7	1	4
7	1	3	6	5	4	8	9	2
6	3	1	4	2	8	9	7	5
4	2	7	5	9	6	1	3	8
8	9	5	3	1	7	4	2	6
5	6	9	7	4	2	3	8	1
3	7	8	1	6	5	2	4	9
1	4	2	9	8	3	6	5	7

47

2	5	9	6	8	3	4	7	1
8	7	3	9	1	4	2	5	6
4	6	1	5	2	7	9	8	3
7	2	4	3	9	8	6	1	5
1	9	6	7	4	5	3	2	8
5	3	8	2	6	1	7	9	4
9	8	7	1	3	6	5	4	2
3	4	5	8	7	2	1	6	9
6	1	2	4	5	9	8	3	7

48

49

7	5	3	6	4	2	9	1	8
6	8	9	7	1	5	4	2	3
4	1	2	8	3	9	6	7	5
3	2	7	9	8	4	1	5	6
5	4	8	3	6	1	2	9	7
9	6	1	2	5	7	3	8	4
1	7	6	5	2	3	8	4	9
2	3	5	4	9	8	7	6	1
8	9	4	1	7	6	5	3	2

50

5	3	6	7	1	2	9	4	8
4	2	1	6	8	9	3	5	7
8	9	7	5	3	4	1	2	6
2	6	3	1	5	8	4	7	9
7	4	8	9	6	3	2	1	5
9	1	5	4	2	7	8	6	3
3	8	4	2	7	5	6	9	1
1	5	9	8	4	6	7	3	2
6	7	2	3	9	1	5	8	4

51

2	5	7	3	4	1	8	9	6
3	9	4	8	2	6	1	7	5
8	6	1	9	7	5	2	4	3
1	3	2	4	9	7	6	5	8
5	4	9	1	6	8	3	2	7
7	8	6	2	5	3	4	1	9
6	7	3	5	1	2	9	8	4
9	2	8	7	3	4	5	6	1
4	1	5	6	8	9	7	3	2

52

4	1	2	5	9	8	6	7	3
7	5	9	6	4	3	8	1	2
3	6	8	2	1	7	5	4	9
6	2	7	8	3	4	1	9	5
8	3	4	1	5	9	7	2	6
5	9	1	7	6	2	4	3	8
9	7	5	3	8	1	2	6	4
1	8	3	4	2	6	9	5	7
2	4	6	9	7	5	3	8	1

53

6	2	3	8	4	9	7	5	1
4	1	8	7	5	3	2	9	6
9	5	7	1	6	2	4	8	3
1	9	5	6	8	7	3	4	2
8	6	2	4	3	1	9	7	5
7	3	4	9	2	5	1	6	8
2	4	1	5	9	8	6	3	7
5	7	9	3	1	6	8	2	4
3	8	6	2	7	4	5	1	9

54

1	9	5	2	4	7	3	8	6
3	6	8	1	5	9	2	4	7
4	7	2	3	6	8	5	1	9
2	1	7	4	3	6	8	9	5
9	3	4	8	1	5	7	6	2
8	5	6	7	9	2	4	3	1
7	2	3	9	8	1	6	5	4
6	4	9	5	2	3	1	7	8
5	8	1	6	7	4	9	2	3

55

2	7	6	1	4	8	5	3	9
8	9	3	7	5	6	1	2	4
4	5	1	2	9	3	7	6	8
6	8	9	5	7	2	3	4	1
7	4	2	3	1	9	8	5	6
3	1	5	6	8	4	2	9	7
9	3	4	8	2	7	6	1	5
5	2	8	9	6	1	4	7	3
1	6	7	4	3	5	9	8	2

56

1	7	4	6	5	9	2	3	8
3	9	8	7	4	2	6	5	1
2	6	5	1	8	3	4	7	9
6	3	7	4	9	1	5	8	2
8	5	2	3	7	6	1	9	4
4	1	9	8	2	5	3	6	7
7	2	6	9	3	4	8	1	5
5	8	1	2	6	7	9	4	3
9	4	3	5	1	8	7	2	6

57

4	1	2	9	7	5	6	8	3
9	8	6	3	4	2	1	7	5
7	5	3	8	1	6	9	4	2
6	4	8	2	5	9	3	1	7
5	3	7	6	8	1	4	2	9
1	2	9	4	3	7	5	6	8
3	6	4	5	2	8	7	9	1
2	7	5	1	9	4	8	3	6
8	9	1	7	6	3	2	5	4

58

8	4	2	7	9	5	6	1	3
7	5	9	1	3	6	8	2	4
1	6	3	4	2	8	7	5	9
5	2	1	9	6	7	4	3	8
3	8	7	5	4	1	2	9	6
4	9	6	2	8	3	1	7	5
9	1	8	6	5	2	3	4	7
6	7	5	3	1	4	9	8	2
2	3	4	8	7	9	5	6	1

59

4	5	7	1	3	9	6	2	8
3	8	6	7	2	5	9	1	4
9	2	1	8	4	6	7	3	5
7	3	8	2	9	1	4	5	6
6	1	2	5	8	4	3	7	9
5	4	9	6	7	3	2	8	1
8	7	4	9	1	2	5	6	3
1	6	3	4	5	7	8	9	2
2	9	5	3	6	8	1	4	7

60

5	7	4	8	9	6	2	3	1
1	9	2	7	5	3	6	4	8
6	3	8	1	2	4	7	5	9
8	4	9	3	1	7	5	6	2
3	2	6	5	4	8	1	9	7
7	5	1	9	6	2	3	8	4
9	1	7	4	3	5	8	2	6
4	6	3	2	8	1	9	7	5
2	8	5	6	7	9	4	1	3

1

8	5	7	6	3	2	9	4	1
6	1	3	9	4	5	2	8	7
9	2	4	8	1	7	3	5	6
2	9	6	1	5	4	8	7	3
1	3	5	2	7	8	4	6	9
7	4	8	3	9	6	5	1	2
4	7	2	5	6	3	1	9	8
5	8	9	7	2	1	6	3	4
3	6	1	4	8	9	7	2	5

2

4	1	2	7	3	9	5	6	8
5	6	7	8	2	4	3	9	1
9	3	8	6	5	1	2	4	7
3	4	5	2	9	8	1	7	6
7	2	9	1	6	3	8	5	4
1	8	6	4	7	5	9	2	3
8	5	1	9	4	7	6	3	2
6	7	3	5	1	2	4	8	9
2	9	4	3	8	6	7	1	5

3

6	1	8	9	2	3	7	4	5
9	4	5	7	8	1	3	6	2
3	2	7	6	4	5	1	9	8
4	5	6	8	7	2	9	1	3
2	7	3	5	1	9	6	8	4
1	8	9	3	6	4	2	5	7
7	9	4	2	5	6	8	3	1
8	6	1	4	3	7	5	2	9
5	3	2	1	9	8	4	7	6

4

6	8	2	4	3	9	5	1	7
9	7	4	5	2	1	6	8	3
1	5	3	6	7	8	9	2	4
3	1	6	9	5	4	2	7	8
7	2	5	1	8	3	4	6	9
8	4	9	7	6	2	3	5	1
2	9	1	8	4	5	7	3	6
4	3	7	2	1	6	8	9	5
5	6	8	3	9	7	1	4	2

5

4	8	5	6	9	7	2	1	3
6	3	7	1	4	2	8	5	9
1	2	9	8	3	5	4	7	6
8	1	6	5	2	3	9	4	7
7	5	4	9	8	6	1	3	2
3	9	2	4	7	1	5	6	8
2	6	1	3	5	9	7	8	4
9	4	3	7	1	8	6	2	5
5	7	8	2	6	4	3	9	1

6

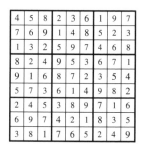

4	5	8	2	3	6	1	9	7
7	6	9	1	4	8	5	2	3
1	3	2	5	9	7	4	6	8
8	2	4	9	5	3	6	7	1
9	1	6	8	7	2	3	5	4
5	7	3	6	1	4	9	8	2
2	4	5	3	8	9	7	1	6
6	9	7	4	2	1	8	3	5
3	8	1	7	6	5	2	4	9

7

8	2	5	6	4	9	7	1	3
9	3	4	2	1	7	5	8	6
7	1	6	5	8	3	9	4	2
2	5	9	4	6	8	1	3	7
1	4	3	7	9	2	8	6	5
6	7	8	3	5	1	4	2	9
3	8	1	9	7	6	2	5	4
5	9	2	8	3	4	6	7	1
4	6	7	1	2	5	3	9	8

8

5	6	4	3	2	8	1	7	9
1	8	9	6	7	4	2	5	3
7	2	3	9	1	5	4	8	6
6	7	8	2	5	9	3	4	1
9	3	1	7	4	6	8	2	5
2	4	5	1	8	3	6	9	7
8	1	7	5	3	2	9	6	4
3	9	2	4	6	7	5	1	8
4	5	6	8	9	1	7	3	2

9

8	5	3	6	9	1	7	4	2
9	1	6	7	2	4	8	3	5
2	4	7	8	3	5	9	1	6
1	7	9	5	8	2	4	6	3
6	3	8	1	4	9	5	2	7
4	2	5	3	7	6	1	9	8
7	8	4	2	1	3	6	5	9
3	6	1	9	5	8	2	7	4
5	9	2	4	6	7	3	8	1

10

8	9	3	7	4	6	2	5	1
1	7	5	3	9	2	4	6	8
6	4	2	1	8	5	7	3	9
7	2	1	5	3	4	9	8	6
5	6	8	2	1	9	3	4	7
9	3	4	6	7	8	5	1	2
2	1	7	4	6	3	8	9	5
4	8	6	9	5	7	1	2	3
3	5	9	8	2	1	6	7	4

11

4	8	9	3	6	1	7	5	2
1	3	7	4	2	5	8	6	9
6	5	2	7	8	9	1	3	4
7	4	8	1	3	2	6	9	5
2	6	3	9	5	8	4	1	7
9	1	5	6	7	4	3	2	8
3	9	6	2	4	7	5	8	1
5	7	1	8	9	6	2	4	3
8	2	4	5	1	3	9	7	6

12

4	7	3	5	8	6	1	2	9
9	6	1	2	3	4	8	7	5
5	8	2	7	9	1	3	6	4
7	5	8	1	6	3	4	9	2
3	9	6	4	5	2	7	8	1
1	2	4	8	7	9	6	5	3
6	1	5	3	2	7	9	4	8
8	4	9	6	1	5	2	3	7
2	3	7	9	4	8	5	1	6

13

3	7	8	6	9	1	2	5	4
1	9	6	5	2	4	8	7	3
2	5	4	7	8	3	6	9	1
7	4	2	3	1	9	5	6	8
9	3	1	8	5	6	7	4	2
8	6	5	4	7	2	3	1	9
6	1	7	9	3	8	4	2	5
5	8	9	2	4	7	1	3	6
4	2	3	1	6	5	9	8	7

14

6	8	3	5	7	4	2	9	1
1	4	2	8	6	9	7	5	3
9	7	5	1	2	3	6	4	8
4	5	7	2	1	8	3	6	9
3	1	9	6	4	5	8	7	2
2	6	8	3	9	7	5	1	4
7	2	6	4	3	1	9	8	5
5	3	4	9	8	6	1	2	7
8	9	1	7	5	2	4	3	6

15

5	2	7	8	9	3	4	6	1
8	6	3	1	7	4	5	9	2
9	1	4	5	6	2	7	3	8
2	8	1	9	3	7	6	4	5
7	3	5	4	1	6	2	8	9
6	4	9	2	8	5	1	7	3
3	7	2	6	5	9	8	1	4
1	5	6	3	4	8	9	2	7
4	9	8	7	2	1	3	5	6

16

3	6	5	7	2	1	8	4	9
7	8	2	9	6	4	5	1	3
4	1	9	5	8	3	6	7	2
6	2	4	3	1	9	7	8	5
9	5	8	4	7	6	2	3	1
1	7	3	8	5	2	9	6	4
2	9	7	1	4	8	3	5	6
5	3	1	6	9	7	4	2	8
8	4	6	2	3	5	1	9	7

17

9	3	2	6	5	8	1	4	7
8	5	4	9	7	1	2	6	3
6	1	7	3	2	4	8	9	5
7	9	5	2	1	6	3	8	4
4	8	1	7	3	5	9	2	6
2	6	3	4	8	9	7	5	1
5	4	8	1	9	3	6	7	2
3	7	9	5	6	2	4	1	8
1	2	6	8	4	7	5	3	9

18

3	2	5	6	8	4	7	9	1
9	1	8	7	2	3	5	6	4
6	7	4	1	9	5	2	8	3
2	4	9	8	3	7	1	5	6
1	6	3	9	5	2	8	4	7
8	5	7	4	1	6	3	2	9
5	8	6	3	7	9	4	1	2
4	3	2	5	6	1	9	7	8
7	9	1	2	4	8	6	3	5

19

1	7	6	3	5	4	2	8	9
4	2	8	1	9	7	6	5	3
9	5	3	2	6	8	7	4	1
6	4	5	9	8	2	3	1	7
8	9	1	5	7	3	4	6	2
2	3	7	6	4	1	5	9	8
5	6	2	7	1	9	8	3	4
3	1	4	8	2	5	9	7	6
7	8	9	4	3	6	1	2	5

20

6	2	9	4	1	5	3	7	8
7	1	3	2	8	9	4	6	5
8	4	5	3	6	7	2	9	1
5	8	2	9	3	1	7	4	6
3	9	7	8	4	6	1	5	2
1	6	4	5	7	2	8	3	9
9	7	8	6	2	3	5	1	4
2	5	1	7	9	4	6	8	3
4	3	6	1	5	8	9	2	7

21

5	9	2	3	8	7	6	4	1
3	6	4	1	9	5	8	7	2
8	1	7	2	4	6	3	5	9
6	7	9	5	1	8	4	2	3
2	3	5	4	6	9	7	1	8
1	4	8	7	3	2	9	6	5
7	8	1	9	2	4	5	3	6
4	2	6	8	5	3	1	9	7
9	5	3	6	7	1	2	8	4

22

2	4	1	9	6	8	7	5	3
7	6	5	1	2	3	4	8	9
9	8	3	4	5	7	6	2	1
5	7	8	3	1	4	2	9	6
1	9	6	2	8	5	3	4	7
4	3	2	6	7	9	5	1	8
6	1	9	7	4	2	8	3	5
8	2	7	5	3	1	9	6	4
3	5	4	8	9	6	1	7	2

23

6	4	5	7	8	9	2	1	3
9	8	7	2	3	1	4	6	5
3	2	1	5	4	6	7	9	8
5	7	3	4	9	8	1	2	6
4	1	8	6	5	2	3	7	9
2	6	9	1	7	3	8	5	4
7	3	6	8	2	5	9	4	1
8	5	2	9	1	4	6	3	7
1	9	4	3	6	7	5	8	2

24

4	1	3	8	2	7	5	6	9
5	6	8	9	1	4	2	3	7
2	7	9	6	3	5	8	4	1
7	9	1	2	8	6	3	5	4
3	5	6	1	4	9	7	2	8
8	4	2	7	5	3	1	9	6
9	8	5	3	6	1	4	7	2
6	2	4	5	7	8	9	1	3
1	3	7	4	9	2	6	8	5

25

7	1	4	8	6	2	9	3	5
6	9	2	1	5	3	7	4	8
8	3	5	7	4	9	1	2	6
5	6	3	4	2	7	8	9	1
1	4	9	5	3	8	2	6	7
2	8	7	9	1	6	4	5	3
9	2	1	3	7	5	6	8	4
4	5	8	6	9	1	3	7	2
3	7	6	2	8	4	5	1	9

26

8	5	2	1	4	6	9	3	7
6	3	7	9	2	5	4	8	1
9	4	1	8	3	7	2	5	6
7	9	5	4	8	2	6	1	3
1	8	4	6	9	3	7	2	5
3	2	6	7	5	1	8	4	9
5	6	8	2	1	9	3	7	4
2	1	9	3	7	4	5	6	8
4	7	3	5	6	8	1	9	2

27

8	2	6	7	9	3	4	5	1
9	3	1	6	5	4	7	8	2
5	7	4	1	2	8	9	3	6
3	4	7	5	8	1	2	6	9
6	5	2	4	3	9	1	7	8
1	9	8	2	6	7	5	4	3
4	6	9	8	7	2	3	1	5
2	1	5	3	4	6	8	9	7
7	8	3	9	1	5	6	2	4

28

8	7	4	2	5	1	6	3	9
2	3	5	6	9	8	7	4	1
1	9	6	7	4	3	8	2	5
3	5	8	9	7	4	2	1	6
7	4	2	1	8	6	5	9	3
9	6	1	3	2	5	4	8	7
4	8	9	5	1	7	3	6	2
6	1	7	8	3	2	9	5	4
5	2	3	4	6	9	1	7	8

29

5	9	2	4	6	8	7	1	3
3	1	4	7	2	9	6	8	5
8	7	6	1	5	3	4	2	9
7	2	8	6	3	1	9	5	4
6	4	1	5	9	2	8	3	7
9	3	5	8	4	7	2	6	1
2	6	3	9	1	4	5	7	8
4	5	7	3	8	6	1	9	2
1	8	9	2	7	5	3	4	6

30

1	9	4	5	3	8	7	2	6
6	3	8	1	2	7	5	4	9
5	2	7	9	4	6	3	8	1
8	1	6	7	9	2	4	5	3
7	4	9	6	5	3	2	1	8
2	5	3	4	8	1	6	9	7
4	7	5	8	6	9	1	3	2
3	8	1	2	7	4	9	6	5
9	6	2	3	1	5	8	7	4

31

9	8	4	1	2	3	6	5	7
1	7	6	4	8	5	2	9	3
2	5	3	7	6	9	4	1	8
6	2	8	9	3	7	1	4	5
4	1	7	6	5	2	8	3	9
3	9	5	8	4	1	7	2	6
5	3	1	2	7	6	9	8	4
7	4	2	3	9	8	5	6	1
8	6	9	5	1	4	3	7	2

32

2	8	4	3	6	7	1	5	9
7	6	1	5	4	9	2	8	3
9	5	3	8	1	2	6	4	7
3	4	8	7	9	1	5	6	2
6	9	5	2	3	8	4	7	1
1	2	7	6	5	4	3	9	8
5	1	6	9	8	3	7	2	4
8	3	2	4	7	6	9	1	5
4	7	9	1	2	5	8	3	6

33

8	6	4	3	9	2	1	7	5
1	3	7	4	8	5	9	6	2
5	2	9	6	7	1	4	3	8
2	8	5	9	4	3	7	1	6
7	9	1	5	2	6	3	8	4
3	4	6	7	1	8	5	2	9
4	5	2	1	6	7	8	9	3
9	1	8	2	3	4	6	5	7
6	7	3	8	5	9	2	4	1

34

7	2	5	4	6	1	3	8	9
8	4	3	7	9	2	1	6	5
1	6	9	5	8	3	7	2	4
3	8	6	9	2	5	4	1	7
5	9	4	1	7	6	2	3	8
2	1	7	3	4	8	5	9	6
9	7	8	2	1	4	6	5	3
4	5	2	6	3	9	8	7	1
6	3	1	8	5	7	9	4	2

35

6	8	4	3	9	1	2	7	5
3	7	9	2	8	5	4	1	6
2	5	1	4	7	6	9	3	8
1	9	7	8	6	2	5	4	3
8	2	6	5	4	3	1	9	7
5	4	3	7	1	9	8	6	2
4	6	5	9	3	8	7	2	1
9	3	8	1	2	7	6	5	4
7	1	2	6	5	4	3	8	9

36

8	7	5	9	4	1	6	3	2
6	4	2	5	8	3	9	7	1
1	3	9	2	7	6	8	4	5
9	8	6	3	5	2	4	1	7
4	1	3	7	6	9	5	2	8
5	2	7	4	1	8	3	6	9
2	9	8	1	3	4	7	5	6
3	5	1	6	9	7	2	8	4
7	6	4	8	2	5	1	9	3

37

4	1	8	9	7	5	6	2	3
5	2	7	6	3	8	1	4	9
6	9	3	2	4	1	7	8	5
9	5	1	7	8	3	4	6	2
3	8	6	4	5	2	9	7	1
7	4	2	1	6	9	3	5	8
2	3	4	8	9	7	5	1	6
1	7	5	3	2	6	8	9	4
8	6	9	5	1	4	2	3	7

38

8	4	1	6	7	2	3	9	5
6	5	3	9	8	4	2	1	7
7	2	9	1	5	3	8	4	6
5	6	8	2	4	1	7	3	9
1	9	7	5	3	8	4	6	2
4	3	2	7	9	6	5	8	1
9	7	4	3	6	5	1	2	8
3	1	6	8	2	7	9	5	4
2	8	5	4	1	9	6	7	3

39

2	9	3	6	5	7	1	4	8
5	1	6	8	9	4	3	7	2
4	8	7	3	1	2	6	9	5
6	2	9	7	3	5	8	1	4
7	3	4	1	2	8	9	5	6
1	5	8	4	6	9	2	3	7
9	4	2	5	8	3	7	6	1
3	7	1	2	4	6	5	8	9
8	6	5	9	7	1	4	2	3

40

9	6	2	4	1	7	8	5	3
3	4	7	8	9	5	1	6	2
1	5	8	2	3	6	7	4	9
8	3	6	1	7	2	5	9	4
7	2	4	9	5	3	6	8	1
5	9	1	6	8	4	3	2	7
2	8	9	7	6	1	4	3	5
4	7	5	3	2	8	9	1	6
6	1	3	5	4	9	2	7	8

41

5	3	1	9	6	8	2	4	7
2	9	7	1	3	4	8	6	5
4	6	8	2	5	7	3	1	9
1	8	4	3	2	5	7	9	6
3	5	6	7	8	9	4	2	1
9	7	2	4	1	6	5	8	3
7	4	5	6	9	2	1	3	8
6	2	3	8	7	1	9	5	4
8	1	9	5	4	3	6	7	2

42

3	5	2	6	7	1	9	4	8
8	9	4	2	5	3	6	1	7
6	1	7	4	8	9	2	3	5
2	6	5	3	9	4	7	8	1
9	4	3	8	1	7	5	2	6
1	7	8	5	2	6	3	9	4
5	8	9	7	4	2	1	6	3
7	3	1	9	6	8	4	5	2
4	2	6	1	3	5	8	7	9

43

3	8	6	4	7	5	9	2	1
4	7	1	3	9	2	5	8	6
2	9	5	1	6	8	3	7	4
7	3	8	2	1	9	4	6	5
9	6	2	7	5	4	8	1	3
5	1	4	6	8	3	7	9	2
6	4	3	9	2	7	1	5	8
8	2	7	5	3	1	6	4	9
1	5	9	8	4	6	2	3	7

44

7	5	8	4	6	2	1	3	9
6	4	3	1	5	9	8	2	7
9	2	1	3	7	8	4	6	5
4	6	9	8	2	7	5	1	3
5	8	2	6	1	3	9	7	4
1	3	7	5	9	4	2	8	6
8	7	6	2	4	5	3	9	1
3	9	4	7	8	1	6	5	2
2	1	5	9	3	6	7	4	8

45

8	6	4	5	1	2	3	9	7
3	7	1	8	9	4	2	6	5
5	9	2	6	7	3	8	1	4
4	8	5	7	6	1	9	2	3
6	2	7	9	3	8	5	4	1
9	1	3	4	2	5	7	8	6
1	4	9	3	8	7	6	5	2
2	3	8	1	5	6	4	7	9
7	5	6	2	4	9	1	3	8

46

9	4	6	7	3	1	8	5	2
5	3	8	9	6	2	4	1	7
7	1	2	8	5	4	6	9	3
2	7	3	6	1	8	9	4	5
6	8	5	3	4	9	7	2	1
4	9	1	2	7	5	3	6	8
8	2	7	1	9	6	5	3	4
3	5	9	4	2	7	1	8	6
1	6	4	5	8	3	2	7	9

47

6	2	5	4	1	3	9	7	8
8	4	1	9	7	6	3	2	5
3	7	9	8	2	5	1	6	4
4	5	6	2	9	1	8	3	7
1	8	3	7	6	4	5	9	2
2	9	7	5	3	8	6	4	1
7	1	4	6	8	9	2	5	3
5	6	8	3	4	2	7	1	9
9	3	2	1	5	7	4	8	6

48

5	4	2	8	7	6	9	1	3
3	9	6	5	2	1	7	8	4
8	7	1	4	9	3	6	5	2
4	1	7	6	8	9	2	3	5
9	5	8	3	4	2	1	7	6
2	6	3	1	5	7	8	4	9
1	2	9	7	3	5	4	6	8
6	8	5	2	1	4	3	9	7
7	3	4	9	6	8	5	2	1

49

1	8	4	3	5	6	2	9	7
9	5	6	7	2	1	3	8	4
7	3	2	8	9	4	6	1	5
3	4	5	2	1	8	7	6	9
2	7	8	6	4	9	5	3	1
6	1	9	5	3	7	4	2	8
5	9	1	4	6	2	8	7	3
8	2	3	9	7	5	1	4	6
4	6	7	1	8	3	9	5	2

50

7	5	6	2	3	9	1	4	8
1	3	8	5	7	4	2	6	9
9	4	2	8	6	1	5	7	3
4	2	1	3	8	7	9	5	6
8	6	9	1	5	2	4	3	7
3	7	5	4	9	6	8	2	1
5	1	3	7	4	8	6	9	2
6	8	7	9	2	5	3	1	4
2	9	4	6	1	3	7	8	5

51

1	3	2	7	4	5	6	8	9
7	9	4	3	6	8	2	1	5
8	6	5	2	1	9	7	4	3
9	4	7	8	2	1	3	5	6
3	2	6	5	7	4	8	9	1
5	1	8	9	3	6	4	2	7
4	7	3	1	9	2	5	6	8
2	5	1	6	8	7	9	3	4
6	8	9	4	5	3	1	7	2

52

2	3	5	7	9	1	6	4	8
7	1	4	6	8	5	3	9	2
9	6	8	2	4	3	7	5	1
6	4	7	1	2	8	5	3	9
3	2	1	9	5	7	4	8	6
5	8	9	3	6	4	1	2	7
4	5	2	8	7	6	9	1	3
1	9	6	5	3	2	8	7	4
8	7	3	4	1	9	2	6	5

53

5	8	9	6	1	4	3	7	2
7	3	6	2	5	8	4	9	1
1	4	2	3	7	9	5	6	8
4	2	1	7	6	5	8	3	9
3	5	8	1	9	2	7	4	6
9	6	7	4	8	3	2	1	5
6	7	3	5	2	1	9	8	4
2	9	4	8	3	6	1	5	7
8	1	5	9	4	7	6	2	3

54

3	6	5	9	1	8	7	2	4
2	9	4	5	6	7	8	1	3
8	1	7	2	3	4	6	5	9
5	7	2	6	4	1	9	3	8
6	3	1	7	8	9	2	4	5
9	4	8	3	2	5	1	7	6
4	8	9	1	5	2	3	6	7
1	5	6	8	7	3	4	9	2
7	2	3	4	9	6	5	8	1

1

1	4	9	2	5	3	6	8	7
7	3	8	6	4	9	5	1	2
2	6	5	1	8	7	9	4	3
4	2	3	8	1	6	7	9	5
9	5	7	4	3	2	1	6	8
6	8	1	9	7	5	3	2	4
5	1	2	7	6	4	8	3	9
8	7	4	3	9	1	2	5	6
3	9	6	5	2	8	4	7	1

2

2	9	4	8	5	1	3	7	6
3	7	5	9	6	2	8	1	4
8	6	1	4	3	7	2	5	9
1	8	6	3	9	4	5	2	7
5	2	7	1	8	6	9	4	3
9	4	3	7	2	5	6	8	1
4	3	8	2	7	9	1	6	5
7	5	2	6	1	3	4	9	8
6	1	9	5	4	8	7	3	2

3

5	4	3	6	9	1	8	2	7
8	2	1	4	7	3	5	9	6
7	6	9	5	8	2	1	4	3
4	9	2	8	1	7	3	6	5
6	5	7	9	3	4	2	1	8
3	1	8	2	6	5	9	7	4
2	7	5	1	4	8	6	3	9
9	8	4	3	2	6	7	5	1
1	3	6	7	5	9	4	8	2

4

1	4	3	9	6	7	2	8	5
2	9	8	3	5	4	7	1	6
6	7	5	2	1	8	3	9	4
5	6	7	8	3	1	4	2	9
3	8	2	4	9	5	1	6	7
9	1	4	6	7	2	8	5	3
8	5	6	7	2	3	9	4	1
7	2	1	5	4	9	6	3	8
4	3	9	1	8	6	5	7	2

5

5	4	1	7	2	8	3	9	6
6	9	7	3	5	1	4	2	8
3	2	8	6	4	9	1	7	5
8	3	4	2	9	7	5	6	1
9	1	6	5	3	4	7	8	2
2	7	5	1	8	6	9	4	3
7	6	2	9	1	3	8	5	4
4	5	3	8	7	2	6	1	9
1	8	9	4	6	5	2	3	7

6

2	7	3	8	6	1	5	9	4
1	9	6	5	4	7	2	8	3
8	4	5	2	9	3	6	1	7
4	3	8	1	5	2	7	6	9
9	2	1	6	7	4	8	3	5
5	6	7	3	8	9	4	2	1
3	5	2	7	1	6	9	4	8
6	8	9	4	3	5	1	7	2
7	1	4	9	2	8	3	5	6

7

3	9	2	8	1	5	4	6	7
6	8	5	4	7	9	1	2	3
7	4	1	2	3	6	8	5	9
8	3	9	5	6	7	2	4	1
5	6	7	1	4	2	9	3	8
1	2	4	9	8	3	6	7	5
2	7	6	3	9	1	5	8	4
9	5	8	7	2	4	3	1	6
4	1	3	6	5	8	7	9	2

8

5	4	7	6	3	2	8	1	9
2	3	9	4	1	8	7	5	6
8	6	1	7	5	9	3	2	4
3	2	5	9	4	7	1	6	8
1	9	6	3	8	5	2	4	7
7	8	4	1	2	6	9	3	5
6	5	8	2	9	1	4	7	3
9	1	3	5	7	4	6	8	2
4	7	2	8	6	3	5	9	1

9

4	7	5	2	1	3	6	9	8
2	6	8	9	4	5	3	7	1
1	9	3	6	8	7	4	2	5
5	4	2	1	6	9	7	8	3
7	1	9	5	3	8	2	4	6
3	8	6	4	7	2	1	5	9
9	3	1	8	2	4	5	6	7
6	5	4	7	9	1	8	3	2
8	2	7	3	5	6	9	1	4

10

4	7	6	1	9	8	2	3	5
9	1	5	3	2	4	7	6	8
2	8	3	6	7	5	1	4	9
6	5	4	9	8	7	3	1	2
7	9	8	2	1	3	4	5	6
3	2	1	4	5	6	8	9	7
8	3	7	5	4	9	6	2	1
1	6	9	8	3	2	5	7	4
5	4	2	7	6	1	9	8	3

11

7	2	4	8	1	6	5	9	3
1	5	3	4	2	9	6	8	7
6	8	9	3	7	5	4	2	1
8	6	2	9	5	7	1	3	4
9	7	5	1	4	3	8	6	2
3	4	1	6	8	2	9	7	5
4	9	6	7	3	1	2	5	8
5	3	8	2	6	4	7	1	9
2	1	7	5	9	8	3	4	6

12

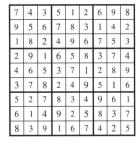

7	4	3	5	1	2	6	9	8
9	5	6	7	8	3	1	4	2
1	8	2	4	9	6	7	5	3
2	9	1	6	5	8	3	7	4
4	6	5	3	7	1	2	8	9
3	7	8	2	4	9	5	1	6
5	2	7	8	3	4	9	6	1
6	1	4	9	2	5	8	3	7
8	3	9	1	6	7	4	2	5

13

5	1	6	7	3	9	4	2	8
7	3	2	5	4	8	6	1	9
4	9	8	6	1	2	7	5	3
2	4	5	3	8	7	9	6	1
6	8	9	1	2	5	3	7	4
3	7	1	4	9	6	2	8	5
1	6	4	2	5	3	8	9	7
8	2	3	9	7	1	5	4	6
9	5	7	8	6	4	1	3	2

14

5	9	6	2	7	3	1	8	4
2	1	3	9	4	8	6	7	5
8	4	7	1	5	6	2	3	9
1	6	5	8	3	2	4	9	7
3	7	2	5	9	4	8	1	6
9	8	4	7	6	1	3	5	2
7	3	1	6	2	5	9	4	8
4	2	9	3	8	7	5	6	1
6	5	8	4	1	9	7	2	3

15

8	4	5	7	9	3	6	2	1
3	9	1	8	6	2	4	5	7
2	7	6	4	1	5	9	8	3
4	5	7	3	2	1	8	6	9
9	3	8	6	5	7	2	1	4
1	6	2	9	8	4	3	7	5
5	2	4	1	3	8	7	9	6
6	1	3	2	7	9	5	4	8
7	8	9	5	4	6	1	3	2

16

9	2	7	6	1	8	5	3	4
5	1	4	9	3	2	6	7	8
3	6	8	7	4	5	9	2	1
1	9	2	5	8	3	7	4	6
4	5	6	1	9	7	2	8	3
7	8	3	4	2	6	1	9	5
6	4	9	3	7	1	8	5	2
2	3	5	8	6	9	4	1	7
8	7	1	2	5	4	3	6	9

17

7	4	1	2	9	6	8	5	3
6	5	8	4	3	1	9	7	2
2	9	3	8	5	7	1	4	6
9	2	4	6	7	3	5	1	8
8	6	7	1	4	5	2	3	9
1	3	5	9	8	2	7	6	4
5	7	2	3	6	8	4	9	1
3	1	9	7	2	4	6	8	5
4	8	6	5	1	9	3	2	7

18

9	3	5	6	8	1	7	4	2
6	7	8	2	5	4	9	3	1
4	2	1	3	9	7	8	5	6
5	1	2	7	4	8	6	9	3
8	4	6	1	3	9	5	2	7
3	9	7	5	6	2	1	8	4
7	8	3	4	1	5	2	6	9
1	5	4	9	2	6	3	7	8
2	6	9	8	7	3	4	1	5

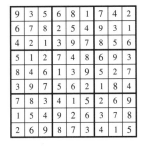

19

7	6	8	9	5	3	4	1	2
2	1	4	8	7	6	5	9	3
3	5	9	1	4	2	6	7	8
5	9	2	3	8	7	1	6	4
1	3	6	2	9	4	7	8	5
8	4	7	6	1	5	3	2	9
4	7	1	5	2	9	8	3	6
6	2	5	7	3	8	9	4	1
9	8	3	4	6	1	2	5	7

20

9	8	7	5	3	1	4	2	6
4	1	5	6	7	2	3	8	9
2	6	3	9	4	8	1	7	5
7	5	1	4	9	6	8	3	2
3	9	4	2	8	7	5	6	1
6	2	8	1	5	3	7	9	4
5	7	2	3	6	4	9	1	8
1	3	9	8	2	5	6	4	7
8	4	6	7	1	9	2	5	3

21

5	4	2	7	1	6	9	3	8
1	9	6	2	8	3	5	4	7
7	8	3	9	5	4	6	1	2
8	6	4	5	7	9	3	2	1
2	7	5	8	3	1	4	6	9
9	3	1	6	4	2	8	7	5
3	1	9	4	2	5	7	8	6
6	2	8	3	9	7	1	5	4
4	5	7	1	6	8	2	9	3

22

2	1	7	6	3	9	4	5	8
4	3	6	8	5	2	7	9	1
5	9	8	4	1	7	6	2	3
7	2	3	5	9	8	1	6	4
1	8	4	2	6	3	9	7	5
9	6	5	1	7	4	8	3	2
3	5	1	9	4	6	2	8	7
6	4	2	7	8	5	3	1	9
8	7	9	3	2	1	5	4	6

23

4	7	5	3	2	6	9	1	8
6	1	2	8	9	4	3	5	7
8	9	3	7	5	1	6	4	2
7	5	9	6	1	8	2	3	4
3	8	1	2	4	9	5	7	6
2	4	6	5	7	3	8	9	1
5	2	8	4	3	7	1	6	9
9	3	4	1	6	2	7	8	5
1	6	7	9	8	5	4	2	3

24

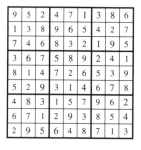

9	5	2	4	7	1	3	8	6
1	3	8	9	6	5	4	2	7
7	4	6	8	3	2	1	9	5
3	6	7	5	8	9	2	4	1
8	1	4	7	2	6	5	3	9
5	2	9	3	1	4	6	7	8
4	8	3	1	5	7	9	6	2
6	7	1	2	9	3	8	5	4
2	9	5	6	4	8	7	1	3

25

7	8	4	2	9	1	3	6	5
6	9	5	8	3	7	2	4	1
2	1	3	5	6	4	9	8	7
1	4	6	7	8	9	5	2	3
8	3	7	6	5	2	1	9	4
5	2	9	1	4	3	6	7	8
4	5	8	9	1	6	7	3	2
9	7	1	3	2	8	4	5	6
3	6	2	4	7	5	8	1	9

26

9	6	8	5	2	3	4	7	1
3	2	4	1	7	8	5	6	9
7	5	1	6	4	9	8	2	3
2	8	7	4	9	1	3	5	6
4	9	3	7	5	6	1	8	2
5	1	6	8	3	2	9	4	7
6	4	5	9	1	7	2	3	8
1	7	2	3	8	5	6	9	4
8	3	9	2	6	4	7	1	5

27

9	7	2	4	1	8	6	5	3
8	1	3	5	6	2	7	4	9
5	4	6	9	7	3	8	2	1
1	5	7	3	8	6	4	9	2
2	9	8	1	4	7	5	3	6
6	3	4	2	5	9	1	7	8
3	6	5	7	2	1	9	8	4
7	2	1	8	9	4	3	6	5
4	8	9	6	3	5	2	1	7

28

1	3	2	8	7	9	5	4	6
7	5	6	4	2	3	9	8	1
8	9	4	5	1	6	2	7	3
3	8	1	7	5	4	6	2	9
5	4	9	6	3	2	7	1	8
2	6	7	1	9	8	4	3	5
9	2	5	3	4	1	8	6	7
4	1	8	9	6	7	3	5	2
6	7	3	2	8	5	1	9	4

29

7	8	2	1	4	3	9	6	5
3	5	6	8	9	2	7	1	4
9	1	4	5	6	7	3	2	8
8	6	3	2	1	9	4	5	7
4	9	5	3	7	6	2	8	1
1	2	7	4	8	5	6	9	3
5	3	9	7	2	8	1	4	6
6	4	8	9	3	1	5	7	2
2	7	1	6	5	4	8	3	9

30

1	6	7	8	5	2	9	4	3
8	9	5	4	7	3	2	6	1
4	3	2	9	6	1	5	7	8
3	7	1	5	2	6	4	8	9
2	5	4	3	8	9	6	1	7
6	8	9	1	4	7	3	5	2
5	2	8	7	3	4	1	9	6
9	4	3	6	1	8	7	2	5
7	1	6	2	9	5	8	3	4

31

1	6	8	4	3	5	9	7	2
2	3	5	1	7	9	8	4	6
9	4	7	6	2	8	3	5	1
4	7	1	8	9	3	6	2	5
6	8	2	5	1	7	4	3	9
5	9	3	2	6	4	7	1	8
8	2	9	3	4	1	5	6	7
7	1	4	9	5	6	2	8	3
3	5	6	7	8	2	1	9	4

32

2	3	4	6	5	7	8	1	9
1	7	5	8	2	9	6	3	4
8	6	9	4	3	1	7	2	5
9	5	7	3	8	6	1	4	2
4	2	1	9	7	5	3	6	8
3	8	6	2	1	4	9	5	7
6	9	2	7	4	3	5	8	1
5	4	3	1	9	8	2	7	6
7	1	8	5	6	2	4	9	3

33

8	7	2	5	3	4	1	6	9
6	5	1	8	9	7	3	2	4
4	3	9	1	6	2	5	8	7
7	1	8	3	4	6	2	9	5
9	4	3	2	7	5	8	1	6
5	2	6	9	8	1	4	7	3
2	9	4	7	1	3	6	5	8
3	8	5	6	2	9	7	4	1
1	6	7	4	5	8	9	3	2

34

3	5	2	4	9	6	7	8	1
4	9	1	2	7	8	6	3	5
8	7	6	3	1	5	2	4	9
2	8	7	1	3	9	4	5	6
5	1	3	7	6	4	8	9	2
6	4	9	8	5	2	3	1	7
1	2	5	6	4	3	9	7	8
9	3	8	5	2	7	1	6	4
7	6	4	9	8	1	5	2	3

35

6	2	5	9	4	1	8	7	3
3	1	9	5	7	8	6	4	2
8	7	4	6	3	2	9	1	5
2	5	3	1	8	4	7	9	6
1	6	8	3	9	7	2	5	4
4	9	7	2	6	5	1	3	8
7	3	1	8	5	6	4	2	9
9	8	2	4	1	3	5	6	7
5	4	6	7	2	9	3	8	1

36

3	5	2	8	9	7	4	6	1
4	8	7	3	6	1	5	2	9
9	1	6	2	5	4	3	8	7
7	4	1	6	2	5	9	3	8
2	9	8	7	4	3	6	1	5
6	3	5	9	1	8	2	7	4
1	7	9	4	3	6	8	5	2
8	6	4	5	7	2	1	9	3
5	2	3	1	8	9	7	4	6

37

2	9	4	8	5	1	3	7	6
3	7	5	9	6	2	8	1	4
8	6	1	4	3	7	2	5	9
1	8	6	3	9	4	5	2	7
5	2	7	1	8	6	9	4	3
9	4	3	7	2	5	6	8	1
4	3	8	2	7	9	1	6	5
7	5	2	6	1	3	4	9	8
6	1	9	5	4	8	7	3	2

38

7	3	2	5	6	4	8	9	1
1	5	9	7	2	8	6	3	4
8	4	6	1	9	3	2	7	5
6	7	3	9	5	1	4	2	8
4	8	5	2	3	7	1	6	9
2	9	1	4	8	6	3	5	7
5	2	8	3	4	9	7	1	6
3	1	4	6	7	5	9	8	2
9	6	7	8	1	2	5	4	3

39

1	3	8	6	7	2	4	5	9
9	5	6	1	4	8	3	7	2
4	2	7	9	3	5	6	1	8
7	6	9	8	2	3	1	4	5
5	4	3	7	9	1	2	8	6
2	8	1	4	5	6	7	9	3
8	1	5	2	6	4	9	3	7
6	9	4	3	8	7	5	2	1
3	7	2	5	1	9	8	6	4

40

1	7	2	8	3	6	5	9	4
6	9	8	4	1	5	7	3	2
3	5	4	7	9	2	1	8	6
2	3	1	6	7	4	9	5	8
5	8	7	3	2	9	4	6	1
4	6	9	1	5	8	2	7	3
7	4	6	5	8	1	3	2	9
9	1	3	2	6	7	8	4	5
8	2	5	9	4	3	6	1	7

41

4	7	9	1	6	5	2	3	8
6	5	2	4	3	8	1	9	7
8	1	3	9	7	2	6	5	4
1	4	8	3	2	7	9	6	5
9	3	7	6	5	1	4	8	2
2	6	5	8	9	4	7	1	3
5	9	4	2	1	3	8	7	6
7	8	6	5	4	9	3	2	1
3	2	1	7	8	6	5	4	9

42

5	9	7	4	2	8	3	6	1
8	3	1	7	9	6	4	2	5
6	2	4	3	1	5	8	9	7
2	6	8	5	4	7	1	3	9
3	4	9	8	6	1	5	7	2
1	7	5	2	3	9	6	4	8
7	1	3	9	8	4	2	5	6
4	5	6	1	7	2	9	8	3
9	8	2	6	5	3	7	1	4

43

6	8	9	2	7	3	1	5	4
5	1	7	8	4	9	3	2	6
3	2	4	5	6	1	7	9	8
9	6	8	7	3	2	4	1	5
2	7	5	6	1	4	9	8	3
4	3	1	9	5	8	6	7	2
1	4	2	3	8	7	5	6	9
7	9	6	4	2	5	8	3	1
8	5	3	1	9	6	2	4	7

44

5	7	6	9	3	4	1	2	8
8	1	9	5	2	6	4	3	7
2	4	3	8	7	1	9	6	5
6	9	8	4	5	3	7	1	2
7	3	2	1	6	9	8	5	4
1	5	4	2	8	7	3	9	6
9	6	1	7	4	5	2	8	3
4	2	5	3	1	8	6	7	9
3	8	7	6	9	2	5	4	1

45

5	3	4	9	8	7	1	6	2
9	8	2	1	6	5	4	3	7
6	1	7	4	3	2	8	5	9
8	2	9	7	5	6	3	1	4
1	4	6	3	9	8	2	7	5
3	7	5	2	1	4	9	8	6
4	6	3	5	2	1	7	9	8
2	5	1	8	7	9	6	4	3
7	9	8	6	4	3	5	2	1

46

9	1	3	2	6	8	5	4	7
7	4	5	9	3	1	8	2	6
2	6	8	5	7	4	9	1	3
5	3	6	4	9	2	1	7	8
1	9	2	7	8	3	4	6	5
8	7	4	1	5	6	3	9	2
4	8	7	3	2	9	6	5	1
6	5	1	8	4	7	2	3	9
3	2	9	6	1	5	7	8	4

47

1	9	6	3	7	4	8	2	5
2	7	3	8	5	9	6	4	1
4	8	5	1	6	2	7	3	9
7	6	4	2	1	8	5	9	3
3	5	2	6	9	7	4	1	8
9	1	8	4	3	5	2	7	6
5	4	7	9	8	1	3	6	2
8	3	1	7	2	6	9	5	4
6	2	9	5	4	3	1	8	7

48

7	3	1	6	2	4	5	8	9
9	5	4	1	7	8	2	3	6
2	8	6	9	5	3	1	4	7
1	9	3	8	4	6	7	5	2
8	2	7	3	9	5	6	1	4
4	6	5	7	1	2	8	9	3
6	1	8	2	3	9	4	7	5
5	7	9	4	6	1	3	2	8
3	4	2	5	8	7	9	6	1

49

9	7	8	3	6	5	4	1	2
3	4	2	1	7	9	5	8	6
6	5	1	2	4	8	9	7	3
4	9	7	6	8	3	2	5	1
5	2	6	9	1	7	8	3	4
1	8	3	4	5	2	6	9	7
8	6	5	7	2	1	3	4	9
7	3	4	5	9	6	1	2	8
2	1	9	8	3	4	7	6	5

50

3	1	7	9	6	5	4	2	8
5	6	2	4	8	7	3	1	9
9	4	8	3	1	2	7	6	5
2	5	1	8	9	4	6	3	7
6	7	9	5	2	3	1	8	4
4	8	3	1	7	6	5	9	2
8	3	5	2	4	1	9	7	6
1	2	6	7	5	9	8	4	3
7	9	4	6	3	8	2	5	1

51

5	9	1	2	7	8	4	3	6
4	3	2	6	5	1	8	7	9
6	7	8	3	9	4	1	2	5
9	6	5	7	1	3	2	8	4
1	8	4	9	2	5	7	6	3
7	2	3	8	4	6	5	9	1
8	5	9	4	3	7	6	1	2
2	1	7	5	6	9	3	4	8
3	4	6	1	8	2	9	5	7

52

9	7	2	5	3	6	4	1	8
1	4	5	7	8	2	3	6	9
6	3	8	1	9	4	2	5	7
7	2	6	9	4	3	1	8	5
4	8	1	2	6	5	7	9	3
3	5	9	8	7	1	6	4	2
5	9	4	3	1	7	8	2	6
2	6	3	4	5	8	9	7	1
8	1	7	6	2	9	5	3	4

53

3	5	7	2	9	6	8	1	4
6	9	4	1	8	7	2	5	3
1	2	8	4	3	5	7	9	6
9	1	5	6	2	4	3	7	8
7	4	3	8	5	1	6	2	9
2	8	6	3	7	9	1	4	5
5	7	1	9	6	3	4	8	2
4	6	2	5	1	8	9	3	7
8	3	9	7	4	2	5	6	1

54

9	8	4	3	2	1	5	6	7
1	5	6	8	4	7	2	9	3
3	2	7	9	6	5	4	1	8
5	4	3	7	9	6	1	8	2
7	6	1	2	3	8	9	4	5
2	9	8	5	1	4	3	7	6
8	3	2	1	7	9	6	5	4
4	7	9	6	5	3	8	2	1
6	1	5	4	8	2	7	3	9

1

2	1	8	3	9	4	7	5	6
4	5	7	2	1	6	9	3	8
3	9	6	5	8	7	4	1	2
9	8	5	4	7	3	2	6	1
7	4	2	6	5	1	3	8	9
1	6	3	8	2	9	5	7	4
8	7	4	9	6	5	1	2	3
5	2	9	1	3	8	6	4	7
6	3	1	7	4	2	8	9	5

2

1	2	6	8	9	4	5	3	7
9	3	7	5	6	2	4	8	1
5	8	4	3	1	7	9	2	6
7	4	1	6	8	9	2	5	3
3	6	8	2	5	1	7	9	4
2	5	9	7	4	3	6	1	8
6	1	5	9	7	8	3	4	2
4	7	2	1	3	5	8	6	9
8	9	3	4	2	6	1	7	5

3

9	8	2	5	7	4	6	1	3
1	7	6	8	2	3	4	5	9
4	3	5	9	6	1	8	7	2
3	6	9	7	1	8	5	2	4
8	1	7	4	5	2	3	9	6
5	2	4	6	3	9	7	8	1
7	4	8	2	9	6	1	3	5
6	9	3	1	8	5	2	4	7
2	5	1	3	4	7	9	6	8

4

3	9	8	4	1	5	6	2	7
1	4	7	6	2	9	5	3	8
2	5	6	8	3	7	1	9	4
8	1	9	7	4	2	3	6	5
5	6	2	1	8	3	4	7	9
7	3	4	5	9	6	2	8	1
6	8	1	2	7	4	9	5	3
4	2	3	9	5	8	7	1	6
9	7	5	3	6	1	8	4	2

5

9	7	6	5	2	8	1	3	4
2	8	4	3	9	1	5	6	7
5	3	1	4	6	7	8	9	2
4	6	9	2	8	5	3	7	1
7	2	5	1	3	4	9	8	6
3	1	8	9	7	6	4	2	5
8	5	2	6	1	3	7	4	9
6	4	3	7	5	9	2	1	8
1	9	7	8	4	2	6	5	3

6

4	2	7	5	8	6	1	9	3
1	3	6	4	2	9	8	5	7
9	8	5	3	1	7	4	6	2
7	6	1	9	4	5	2	3	8
2	5	4	8	6	3	7	1	9
8	9	3	1	7	2	6	4	5
5	1	8	2	3	4	9	7	6
3	7	2	6	9	1	5	8	4
6	4	9	7	5	8	3	2	1

7

7	3	2	5	1	4	9	6	8
5	8	9	3	6	2	1	7	4
4	6	1	9	8	7	3	5	2
3	9	4	2	5	8	6	1	7
1	2	6	7	4	9	8	3	5
8	7	5	1	3	6	2	4	9
9	5	3	8	7	1	4	2	6
6	1	8	4	2	5	7	9	3
2	4	7	6	9	3	5	8	1

8

5	4	2	1	6	7	8	9	3
9	6	8	3	2	5	7	1	4
1	3	7	4	9	8	5	2	6
4	2	9	8	3	1	6	7	5
7	5	1	6	4	2	9	3	8
3	8	6	5	7	9	2	4	1
6	9	4	2	5	3	1	8	7
2	1	3	7	8	6	4	5	9
8	7	5	9	1	4	3	6	2

9

7	3	8	6	4	9	1	5	2
5	1	9	2	7	3	6	4	8
4	6	2	1	5	8	7	3	9
8	5	4	3	6	7	2	9	1
6	2	3	8	9	1	4	7	5
9	7	1	4	2	5	8	6	3
3	9	6	7	1	2	5	8	4
2	4	5	9	8	6	3	1	7
1	8	7	5	3	4	9	2	6

10

3	7	5	8	6	9	4	1	2
1	4	6	2	7	3	8	5	9
2	9	8	4	5	1	3	7	6
8	2	1	3	9	4	5	6	7
5	3	9	6	1	7	2	8	4
7	6	4	5	8	2	1	9	3
9	5	3	1	2	6	7	4	8
6	1	2	7	4	8	9	3	5
4	8	7	9	3	5	6	2	1

11

9	7	8	1	3	5	4	2	6
6	5	2	9	8	4	7	1	3
1	4	3	6	7	2	5	8	9
8	2	5	7	1	9	3	6	4
3	9	1	8	4	6	2	7	5
4	6	7	5	2	3	8	9	1
7	8	4	3	6	1	9	5	2
5	3	6	2	9	7	1	4	8
2	1	9	4	5	8	6	3	7

12

8	1	7	3	2	6	9	4	5
5	6	3	7	4	9	8	1	2
2	4	9	5	8	1	3	7	6
9	3	4	8	6	5	7	2	1
6	2	8	1	7	3	5	9	4
7	5	1	2	9	4	6	8	3
3	8	6	9	1	2	4	5	7
4	7	2	6	5	8	1	3	9
1	9	5	4	3	7	2	6	8

13

2	9	1	3	5	4	7	8	6
3	7	5	6	9	8	2	1	4
6	4	8	7	2	1	3	9	5
4	8	9	2	1	5	6	3	7
5	6	7	9	8	3	4	2	1
1	3	2	4	6	7	8	5	9
7	2	4	5	3	9	1	6	8
9	1	6	8	7	2	5	4	3
8	5	3	1	4	6	9	7	2

14

8	2	5	7	3	6	9	1	4
3	1	6	9	8	4	5	7	2
7	9	4	1	2	5	3	8	6
6	8	2	5	7	3	1	4	9
9	4	1	2	6	8	7	3	5
5	7	3	4	9	1	2	6	8
4	5	8	3	1	2	6	9	7
1	6	7	8	5	9	4	2	3
2	3	9	6	4	7	8	5	1

15

3	1	2	9	7	8	4	6	5
8	5	7	2	4	6	1	3	9
4	9	6	1	5	3	7	2	8
1	4	8	5	3	9	6	7	2
2	7	9	6	8	1	5	4	3
5	6	3	7	2	4	8	9	1
6	2	4	8	9	5	3	1	7
7	8	1	3	6	2	9	5	4
9	3	5	4	1	7	2	8	6

16

4	6	3	2	7	1	8	9	5
5	9	1	8	4	3	2	7	6
8	2	7	9	5	6	3	1	4
7	5	9	6	3	2	1	4	8
6	4	2	7	1	8	5	3	9
1	3	8	4	9	5	7	6	2
9	7	5	1	2	4	6	8	3
3	1	6	5	8	9	4	2	7
2	8	4	3	6	7	9	5	1

17

2	7	4	1	3	6	5	8	9
9	6	8	2	4	5	7	3	1
5	3	1	8	9	7	6	4	2
4	9	7	6	2	3	8	1	5
3	8	6	5	7	1	9	2	4
1	2	5	9	8	4	3	6	7
8	4	9	3	5	2	1	7	6
6	5	2	7	1	8	4	9	3
7	1	3	4	6	9	2	5	8

18

4	3	2	9	6	5	1	7	8
9	7	1	8	2	4	5	6	3
6	8	5	3	1	7	4	9	2
7	6	9	1	5	8	3	2	4
5	4	3	2	9	6	8	1	7
2	1	8	4	7	3	6	5	9
3	2	7	6	8	1	9	4	5
8	9	6	5	4	2	7	3	1
1	5	4	7	3	9	2	8	6

19

3	4	6	5	2	1	9	7	8
2	5	9	8	3	7	1	4	6
7	8	1	9	4	6	3	2	5
8	6	2	4	5	9	7	3	1
9	3	7	1	8	2	6	5	4
4	1	5	7	6	3	2	8	9
1	2	8	3	9	4	5	6	7
5	9	3	6	7	8	4	1	2
6	7	4	2	1	5	8	9	3

20

1	9	4	5	3	2	6	8	7
6	7	8	1	9	4	2	3	5
2	5	3	6	8	7	1	4	9
3	6	5	4	7	8	9	1	2
9	2	7	3	6	1	8	5	4
4	8	1	2	5	9	7	6	3
7	4	6	9	1	5	3	2	8
8	1	2	7	4	3	5	9	6
5	3	9	8	2	6	4	7	1

21

7	1	6	4	9	2	3	8	5
2	9	8	3	5	7	1	4	6
3	4	5	6	1	8	9	7	2
1	5	3	2	8	9	7	6	4
4	2	9	7	6	3	8	5	1
6	8	7	1	4	5	2	9	3
8	6	4	9	2	1	5	3	7
5	3	1	8	7	6	4	2	9
9	7	2	5	3	4	6	1	8

22

5	7	2	3	8	9	1	4	6
8	6	1	7	5	4	2	3	9
3	4	9	2	1	6	8	5	7
7	3	6	8	9	5	4	1	2
9	1	5	4	2	3	7	6	8
2	8	4	6	7	1	3	9	5
1	5	8	9	4	7	6	2	3
4	2	3	5	6	8	9	7	1
6	9	7	1	3	2	5	8	4

23

9	2	1	4	8	6	3	7	5
7	4	5	3	9	1	8	2	6
8	6	3	2	5	7	9	4	1
4	8	9	1	7	3	5	6	2
1	5	7	6	2	9	4	8	3
2	3	6	5	4	8	1	9	7
3	1	4	8	6	2	7	5	9
6	9	8	7	1	5	2	3	4
5	7	2	9	3	4	6	1	8

24

2	3	9	8	1	6	5	4	7
4	8	1	7	3	5	6	2	9
7	6	5	9	2	4	1	8	3
1	2	6	5	7	8	3	9	4
5	9	3	6	4	2	8	7	1
8	4	7	1	9	3	2	5	6
3	5	2	4	6	7	9	1	8
6	1	4	2	8	9	7	3	5
9	7	8	3	5	1	4	6	2

25

2	7	3	5	4	1	9	6	8
8	1	9	6	7	3	2	4	5
6	4	5	2	9	8	1	3	7
7	6	8	9	5	2	4	1	3
9	5	4	3	1	7	8	2	6
3	2	1	4	8	6	7	5	9
1	9	6	8	2	5	3	7	4
4	3	7	1	6	9	5	8	2
5	8	2	7	3	4	6	9	1

26

1	6	7	4	8	5	3	2	9
5	4	3	2	7	9	8	1	6
9	2	8	6	1	3	7	4	5
7	1	9	3	4	2	5	6	8
3	8	4	5	6	1	9	7	2
2	5	6	7	9	8	1	3	4
6	3	5	8	2	7	4	9	1
4	7	1	9	5	6	2	8	3
8	9	2	1	3	4	6	5	7

27

7	4	9	3	1	6	2	5	8
3	8	2	4	5	7	1	6	9
5	6	1	2	9	8	4	3	7
9	1	3	8	6	5	7	2	4
8	5	4	7	3	2	6	9	1
2	7	6	9	4	1	3	8	5
4	2	7	5	8	3	9	1	6
1	3	5	6	7	9	8	4	2
6	9	8	1	2	4	5	7	3

28

4	1	3	6	5	9	2	7	8
2	5	9	7	4	8	6	1	3
7	8	6	1	3	2	4	5	9
3	4	5	2	8	6	1	9	7
6	9	8	3	7	1	5	2	4
1	7	2	4	9	5	3	8	6
9	3	1	8	2	4	7	6	5
5	2	4	9	6	7	8	3	1
8	6	7	5	1	3	9	4	2

29

2	7	5	9	1	3	4	6	8
6	4	1	2	7	8	3	9	5
8	3	9	4	5	6	1	7	2
1	9	3	5	6	7	2	8	4
4	2	7	8	9	1	5	3	6
5	8	6	3	4	2	7	1	9
9	1	2	6	3	5	8	4	7
7	5	4	1	8	9	6	2	3
3	6	8	7	2	4	9	5	1

30

4	7	1	5	8	9	3	6	2
6	2	9	1	4	3	7	5	8
8	5	3	6	2	7	4	9	1
1	8	2	7	9	6	5	4	3
5	3	6	2	1	4	8	7	9
9	4	7	3	5	8	2	1	6
3	1	4	8	6	5	9	2	7
2	9	8	4	7	1	6	3	5
7	6	5	9	3	2	1	8	4

31

3	2	8	7	9	6	4	1	5
1	5	6	8	4	3	2	9	7
7	4	9	5	2	1	3	8	6
6	3	1	2	5	4	9	7	8
5	7	2	9	6	8	1	3	4
8	9	4	1	3	7	6	5	2
4	1	5	3	7	2	8	6	9
9	6	3	4	8	5	7	2	1
2	8	7	6	1	9	5	4	3

32

1	8	6	3	7	5	9	2	4
5	7	4	1	9	2	8	6	3
3	9	2	8	4	6	1	5	7
7	1	5	6	8	3	2	4	9
4	6	9	5	2	7	3	1	8
8	2	3	4	1	9	6	7	5
6	3	1	9	5	4	7	8	2
2	5	8	7	3	1	4	9	6
9	4	7	2	6	8	5	3	1

33

5	7	2	6	9	3	8	4	1
6	3	4	8	2	1	7	5	9
8	1	9	5	7	4	6	2	3
4	2	5	1	8	6	9	3	7
3	6	7	9	4	2	5	1	8
9	8	1	3	5	7	4	6	2
1	5	3	7	6	9	2	8	4
2	9	8	4	1	5	3	7	6
7	4	6	2	3	8	1	9	5

34

7	8	1	3	2	5	9	6	4
4	2	9	7	6	1	8	3	5
5	6	3	4	8	9	1	7	2
3	5	2	1	9	4	7	8	6
9	7	4	6	5	8	3	2	1
6	1	8	2	3	7	5	4	9
2	4	5	8	1	3	6	9	7
1	3	7	9	4	6	2	5	8
8	9	6	5	7	2	4	1	3

35

4	3	7	9	8	6	5	1	2
6	9	5	3	1	2	8	4	7
2	1	8	5	4	7	9	6	3
1	5	2	7	3	8	6	9	4
8	6	3	4	5	9	7	2	1
7	4	9	6	2	1	3	5	8
5	7	4	1	9	3	2	8	6
9	8	6	2	7	4	1	3	5
3	2	1	8	6	5	4	7	9

36

8	2	1	7	9	5	3	4	6
7	6	9	4	3	8	2	1	5
4	5	3	6	1	2	7	8	9
6	1	7	2	5	9	4	3	8
9	4	8	1	6	3	5	2	7
5	3	2	8	4	7	9	6	1
1	7	4	5	2	6	8	9	3
2	9	5	3	8	1	6	7	4
3	8	6	9	7	4	1	5	2

37

8	2	7	4	5	6	3	1	9
9	3	5	7	1	8	4	6	2
1	6	4	2	3	9	8	5	7
5	1	8	3	9	2	6	7	4
3	4	9	6	7	1	5	2	8
6	7	2	5	8	4	1	9	3
7	8	3	9	6	5	2	4	1
4	9	6	1	2	3	7	8	5
2	5	1	8	4	7	9	3	6

38

7	5	9	4	6	2	1	8	3
8	4	2	7	1	3	6	5	9
1	3	6	9	5	8	7	4	2
2	9	3	8	7	1	4	6	5
4	8	5	2	3	6	9	1	7
6	7	1	5	9	4	3	2	8
9	6	8	1	2	7	5	3	4
3	2	7	6	4	5	8	9	1
5	1	4	3	8	9	2	7	6

39

5	4	7	2	6	9	8	3	1
6	1	3	4	8	7	9	5	2
8	9	2	3	1	5	7	4	6
1	3	6	8	5	2	4	7	9
7	2	4	9	3	6	5	1	8
9	8	5	1	7	4	2	6	3
2	7	9	6	4	3	1	8	5
4	6	8	5	9	1	3	2	7
3	5	1	7	2	8	6	9	4

40

9	5	3	7	6	1	2	8	4
6	7	8	2	4	3	1	9	5
4	2	1	9	8	5	3	6	7
7	6	2	8	1	4	5	3	9
5	8	4	3	9	7	6	2	1
1	3	9	6	5	2	4	7	8
2	4	6	5	7	9	8	1	3
8	9	5	1	3	6	7	4	2
3	1	7	4	2	8	9	5	6

41

2	1	9	3	5	7	6	8	4
5	6	3	8	4	1	7	2	9
8	7	4	9	6	2	1	3	5
1	2	8	6	3	4	5	9	7
3	4	5	7	8	9	2	6	1
6	9	7	1	2	5	8	4	3
9	5	6	4	7	8	3	1	2
7	8	1	2	9	3	4	5	6
4	3	2	5	1	6	9	7	8

42

6	2	4	3	7	9	5	8	1
3	7	5	8	1	4	6	2	9
8	9	1	6	2	5	7	4	3
9	1	3	2	8	6	4	7	5
5	4	8	9	3	7	1	6	2
2	6	7	5	4	1	3	9	8
1	3	9	7	6	8	2	5	4
7	5	2	4	9	3	8	1	6
4	8	6	1	5	2	9	3	7

43

6	5	1	9	4	7	2	8	3
9	3	2	5	8	6	4	7	1
7	4	8	2	1	3	5	6	9
1	6	5	8	7	9	3	4	2
2	8	3	1	6	4	7	9	5
4	9	7	3	2	5	6	1	8
3	1	4	6	5	8	9	2	7
8	7	9	4	3	2	1	5	6
5	2	6	7	9	1	8	3	4

44

4	7	5	2	6	8	9	1	3
8	6	9	3	7	1	2	5	4
1	2	3	5	4	9	7	6	8
7	1	2	9	8	4	6	3	5
6	9	8	1	5	3	4	7	2
3	5	4	7	2	6	1	8	9
9	4	7	6	3	5	8	2	1
5	8	6	4	1	2	3	9	7
2	3	1	8	9	7	5	4	6

45

9	2	5	4	6	1	3	8	7
1	7	4	9	3	8	5	2	6
8	3	6	7	2	5	1	9	4
6	1	2	3	4	9	8	7	5
4	8	3	5	7	6	9	1	2
7	5	9	1	8	2	6	4	3
2	9	7	8	5	3	4	6	1
3	4	8	6	1	7	2	5	9
5	6	1	2	9	4	7	3	8

46

6	1	3	2	4	9	7	5	8
9	4	8	6	7	5	3	1	2
5	7	2	3	8	1	4	6	9
8	6	9	1	5	3	2	7	4
4	3	5	8	2	7	6	9	1
7	2	1	4	9	6	5	8	3
1	9	6	7	3	4	8	2	5
3	8	7	5	1	2	9	4	6
2	5	4	9	6	8	1	3	7

47

1	7	2	8	5	4	3	6	9
4	6	3	2	7	9	1	8	5
5	9	8	6	1	3	2	4	7
9	5	6	3	2	7	4	1	8
7	3	1	4	6	8	9	5	2
2	8	4	1	9	5	7	3	6
6	1	9	5	4	2	8	7	3
3	2	5	7	8	1	6	9	4
8	4	7	9	3	6	5	2	1

48

4	3	9	7	6	8	1	5	2
1	2	8	9	5	3	6	4	7
6	7	5	1	2	4	8	3	9
7	5	2	4	1	6	3	9	8
3	1	4	8	9	7	5	2	6
9	8	6	5	3	2	7	1	4
8	4	1	2	7	5	9	6	3
2	9	3	6	8	1	4	7	5
5	6	7	3	4	9	2	8	1

49

4	8	2	3	1	9	6	7	5
7	9	5	4	6	8	3	2	1
1	6	3	2	5	7	8	9	4
8	4	7	6	3	2	1	5	9
6	5	9	1	7	4	2	3	8
3	2	1	9	8	5	4	6	7
2	1	4	5	9	3	7	8	6
9	7	6	8	2	1	5	4	3
5	3	8	7	4	6	9	1	2

50

1	2	7	8	9	4	3	6	5
3	6	5	2	1	7	8	4	9
4	8	9	5	3	6	7	1	2
5	1	6	4	8	3	2	9	7
7	3	2	6	5	9	4	8	1
8	9	4	7	2	1	6	5	3
2	4	8	9	7	5	1	3	6
6	5	3	1	4	2	9	7	8
9	7	1	3	6	8	5	2	4

51

8	5	9	3	7	6	1	2	4
3	1	4	9	2	5	7	8	6
6	7	2	1	8	4	3	5	9
7	3	1	4	6	2	5	9	8
2	9	5	8	3	7	4	6	1
4	8	6	5	9	1	2	7	3
1	2	8	6	5	3	9	4	7
9	4	7	2	1	8	6	3	5
5	6	3	7	4	9	8	1	2

52

3	5	2	8	4	1	7	9	6
7	1	6	2	3	9	5	4	8
9	8	4	6	7	5	2	3	1
2	7	5	4	8	3	6	1	9
4	6	8	1	9	2	3	5	7
1	3	9	7	5	6	8	2	4
6	4	3	9	2	7	1	8	5
5	9	7	3	1	8	4	6	2
8	2	1	5	6	4	9	7	3

53

4	8	2	6	3	7	9	1	5
5	6	1	9	4	8	2	3	7
3	9	7	2	1	5	8	4	6
2	1	3	8	5	4	6	7	9
7	4	6	1	9	2	5	8	3
9	5	8	3	7	6	1	2	4
1	2	9	7	6	3	4	5	8
8	7	4	5	2	9	3	6	1
6	3	5	4	8	1	7	9	2

54

8	5	7	9	3	2	1	4	6
4	6	2	1	5	8	7	3	9
9	1	3	6	4	7	5	2	8
2	9	1	4	8	3	6	7	5
3	7	8	5	2	6	9	1	4
5	4	6	7	9	1	3	8	2
7	8	5	3	6	4	2	9	1
1	2	9	8	7	5	4	6	3
6	3	4	2	1	9	8	5	7

4	2	7	1	5	6	3	9	8
3	1	8	9	4	7	6	5	2
6	9	5	8	2	3	7	4	1
8	3	9	7	1	4	5	2	6
5	7	2	6	9	8	1	3	4
1	6	4	5	3	2	8	7	9
9	4	1	3	8	5	2	6	7
7	8	3	2	6	9	4	1	5
2	5	6	4	7	1	9	8	3

1

8	6	1	3	5	4	2	7	9
5	2	9	6	8	7	3	1	4
7	3	4	1	2	9	6	8	5
6	1	8	7	9	2	4	5	3
9	5	2	4	1	3	7	6	8
3	4	7	8	6	5	1	9	2
4	7	5	9	3	6	8	2	1
2	8	3	5	7	1	9	4	6
1	9	6	2	4	8	5	3	7

2

4	6	8	5	9	2	1	3	7
9	3	2	4	1	7	8	5	6
5	7	1	3	6	8	4	2	9
7	8	4	1	5	3	6	9	2
2	9	5	7	8	6	3	4	1
3	1	6	2	4	9	5	7	8
1	4	9	8	2	5	7	6	3
6	5	7	9	3	1	2	8	4
8	2	3	6	7	4	9	1	5

3

4	1	9	2	7	5	8	6	3
2	7	6	1	8	3	9	5	4
5	3	8	4	9	6	2	7	1
6	8	5	3	1	9	7	4	2
9	2	1	5	4	7	6	3	8
3	4	7	8	6	2	1	9	5
1	9	3	7	5	8	4	2	6
8	6	2	9	3	4	5	1	7
7	5	4	6	2	1	3	8	9

4

7	4	6	8	3	9	1	2	5
3	5	8	1	2	6	9	4	7
2	1	9	7	4	5	3	8	6
1	6	3	4	5	7	8	9	2
5	9	4	2	1	8	6	7	3
8	2	7	9	6	3	4	5	1
9	8	5	3	7	1	2	6	4
6	3	2	5	9	4	7	1	8
4	7	1	6	8	2	5	3	9

5

7	6	1	9	4	8	3	2	5
9	8	5	3	1	2	7	4	6
2	3	4	5	6	7	9	1	8
4	2	8	1	7	5	6	9	3
5	1	9	6	2	3	8	7	4
3	7	6	4	8	9	1	5	2
1	4	7	2	3	6	5	8	9
8	5	3	7	9	4	2	6	1
6	9	2	8	5	1	4	3	7

6

7

4	2	1	7	6	8	9	3	5
8	7	9	5	1	3	2	4	6
5	6	3	2	4	9	7	8	1
2	1	4	6	9	5	8	7	3
6	5	8	4	3	7	1	2	9
9	3	7	8	2	1	5	6	4
3	9	2	1	7	4	6	5	8
1	8	6	3	5	2	4	9	7
7	4	5	9	8	6	3	1	2

8

7	9	6	5	3	2	4	8	1
5	4	8	6	9	1	7	2	3
3	1	2	4	8	7	5	9	6
2	8	9	3	7	4	1	6	5
1	6	3	2	5	8	9	4	7
4	7	5	9	1	6	8	3	2
8	3	4	7	6	5	2	1	9
9	2	7	1	4	3	6	5	8
6	5	1	8	2	9	3	7	4

9

1	9	2	6	8	7	5	4	3
4	3	7	2	5	1	9	8	6
8	6	5	4	3	9	1	7	2
6	7	9	8	4	2	3	1	5
5	4	3	9	1	6	7	2	8
2	8	1	5	7	3	4	6	9
9	5	8	7	2	4	6	3	1
3	2	4	1	6	5	8	9	7
7	1	6	3	9	8	2	5	4

10

2	7	3	6	5	4	8	9	1
8	5	9	3	2	1	6	4	7
4	1	6	8	9	7	2	5	3
5	3	4	2	8	9	1	7	6
1	2	7	4	3	6	9	8	5
9	6	8	7	1	5	4	3	2
7	9	2	1	4	3	5	6	8
6	8	5	9	7	2	3	1	4
3	4	1	5	6	8	7	2	9

11

2	8	1	6	7	4	5	9	3
9	4	6	2	5	3	1	8	7
3	5	7	9	1	8	6	4	2
4	3	8	5	6	2	9	7	1
1	9	2	4	8	7	3	6	5
7	6	5	1	3	9	8	2	4
8	7	4	3	9	5	2	1	6
6	2	3	8	4	1	7	5	9
5	1	9	7	2	6	4	3	8

12

3	2	1	4	5	9	8	6	7
8	5	6	1	7	3	9	2	4
4	9	7	2	6	8	5	1	3
7	8	4	3	9	2	6	5	1
9	1	2	5	4	6	3	7	8
5	6	3	7	8	1	2	4	9
2	7	8	6	3	4	1	9	5
6	3	5	9	1	7	4	8	2
1	4	9	8	2	5	7	3	6

13

6	1	3	7	8	5	9	4	2
7	8	9	6	2	4	1	5	3
5	4	2	3	9	1	6	8	7
3	7	1	4	5	9	8	2	6
4	6	8	2	7	3	5	9	1
2	9	5	8	1	6	3	7	4
1	5	7	9	6	2	4	3	8
8	3	6	5	4	7	2	1	9
9	2	4	1	3	8	7	6	5

14

9	2	4	6	5	7	8	1	3
5	8	7	4	3	1	9	6	2
3	1	6	9	8	2	7	4	5
8	9	3	1	6	4	5	2	7
7	5	1	2	9	8	4	3	6
6	4	2	3	7	5	1	9	8
4	7	9	8	2	6	3	5	1
2	3	5	7	1	9	6	8	4
1	6	8	5	4	3	2	7	9

15

8	4	9	6	7	2	1	5	3
7	2	5	8	1	3	4	6	9
1	3	6	4	9	5	2	8	7
5	1	3	9	8	7	6	4	2
9	8	4	2	5	6	7	3	1
2	6	7	3	4	1	8	9	5
4	7	8	5	2	9	3	1	6
6	5	2	1	3	4	9	7	8
3	9	1	7	6	8	5	2	4

16

9	4	6	3	7	1	5	2	8
3	8	7	5	4	2	1	6	9
1	5	2	9	8	6	3	7	4
5	6	3	8	2	9	4	1	7
8	1	4	7	5	3	6	9	2
7	2	9	1	6	4	8	3	5
2	3	5	4	1	7	9	8	6
6	9	8	2	3	5	7	4	1
4	7	1	6	9	8	2	5	3

17

7	3	2	6	1	5	9	8	4
1	6	4	9	8	3	2	7	5
5	9	8	4	2	7	6	1	3
3	8	1	2	4	9	7	5	6
6	2	7	3	5	8	4	9	1
9	4	5	1	7	6	8	3	2
4	7	9	5	6	1	3	2	8
2	1	3	8	9	4	5	6	7
8	5	6	7	3	2	1	4	9

18

4	5	1	3	2	7	6	8	9
2	8	6	4	9	1	3	7	5
9	7	3	5	6	8	2	4	1
3	9	8	7	4	2	5	1	6
6	4	7	1	3	5	8	9	2
5	1	2	6	8	9	4	3	7
8	6	9	2	7	4	1	5	3
7	3	5	8	1	6	9	2	4
1	2	4	9	5	3	7	6	8

Acknowledgments

This book would not have been possible without the work and suggestions of the following people: Mr. Anthony Immanuvel of Yoogi Games (www.yoogi.com), Ms. Brooke Dworkin, Ms. Megan Rotondo, and Ms. Karen Backstein. Finally, I would like to say a special thank-you to my right hand and the person who makes all this happen, Mrs. Christy Davis, owner of Executive Services in Arlington, Texas.